家庭でできる画期的学習法TEEメソッド

10歳からの英語

Teaching English in English

お母さんの出番です

川崎美恵

さくら舎

はじめに

　私の英語経験はイギリスへの生活体験留学を除けば、一般の方とそう大差がないのではないかと思います。

　振り返ってみて思うのは、会話にしろ、英語日記や海外文通にしろ、英語で"何気ない平凡な出来事"を表現できないもどかしさをいつも感じ続けていたように思います。

　英語を教える立場になって、気をつけているのも、そのことです。使える英語を知ってほしい——。

　私は2006年4月24日に、NPO法人 Lingua Akademeia［リンガ アカデメイア］を設立しました。国籍や言語、文化を超えて、自由にコミュニケーションする社会づくりに貢献するために、講演や研修、ワークショップなどの語学教育支援事業をメインとして活動しています。

　お子さんを持つお母さんたちを対象にした「子育てママのバイリンガル育成講座」、小・中学生対象のワークショップ、小・中学校の先生方を対象とした教員研修「英語力開墾〜アカデメイア・セミナー」、そして大人から子どもまで楽しみながら英語で料理を学ぶ「Cookinglish［クッキングリッシュ］」など、「生活に密着した英語」をテーマに、あらゆる年齢層を対象にしています。

　その活動を支えるのが、私が提唱する「TEEメソッド」です。簡単に言えば、**「五感を使って、思いを伝え、言葉に結ぶ」**という方法です。おそらくまったく新しい語学教育法だと

思います。大人はもちろんですが、子どもが英語を覚えるのに最も適した方法です。

2011年4月から小学校で英語が必修になったことで、ご自分のお子さんの英語教育に不安をお持ちの方がたくさんおられるはずです。

ただ、私は早期英語教育には反対です。少なくとも日本語の基礎が確立する10歳以後に、的確な英語指導があれば、**子どもたちは「使える英語」が話せるようになると確信しています。**

幼児期に英語を習っても、機械的に覚えるだけで、自分で理解して英語を使うわけではありません。幼児の言語能力や興味の範囲には限界があり、どうしてもこれ以上は入らないというキャパシティがあります。この容量には、個人差はあまり見られません。

早めに覚えると、自転車と一緒でいつでも身体が（脳が？）覚えていて再現できる、という言い方をしますが、少なくとも英語に関してはこれは当てはまりません。

「生活に密着した英語を身につける」という本書の趣旨からいえば、**学校の先生より家庭などでご両親が日常的に英語で接するほうが、はるかに効果的です。**発音がネイティブと違う、と尻込みする方が多いと思いますが、心配はいりません。その理由と、実践法を本文で触れています。

子どもさんと一緒に遊びながら英語を覚えることで、無理なく身につく。それがTEEメソッドの最大のメリットです。

英語が話せないのは、"生活の中で英語を使っていないから"——そういう単純な、しかし大事な秘密をこの本で明らかにします。

目　次

はじめに　3

第1章　「話せない」のはなぜか？　その簡単な理由

1　英語に聴こえない!?　12
イギリスへの生活体験入学まで／ボランティア・ビザを取得／定期券も買えない／現場の英語に戸惑うばかり

2　未知の単語や文法に驚く　17
英語と米語の違い／スペルの違い／文法も違う／lovely多用病／「なんかそういったもの」という英語／「順番に並べる」「タオルを絞る」を英語で言えますか？

第2章　知ってほしいTEEメソッドのすばらしい効果

1　日本式英語でいいじゃないか　32
英語は1つじゃない

2　日本人が日本人に教える英語の利点　36
私がTEEメソッドに出会った経緯／つい日本語を使ってしまう外国人講師／レッスンをすべて英語でやる／日本人が教える利点のほうが大きい／オノ・ヨーコさん、戸田奈津子さんの日本人的英語／TEEメソッドでこんな効果が／お母さん、生活の中で英語を使いましょう

第3章 英語は10歳からはじめるといい

1 10歳にならないと英語は話せない 52
幼児英語教育の間違い／小さい子には苦手な分野がある／口から英語……でも頭で理解していない／10歳の壁——実は未知の世界へのドア／ものを覚えるには順番がある

2 かゆいところに手が届くのが利点 62
日本人のインプット、ネイティブのアウトプットが最適

第4章 話せないのは"生活レベルの英語"を知らないから

1 「のり」「修正液」って英語で何？ 70
私がイギリスで話せず、聴こえなかった理由／身の回りの知らない英単語

2 「記憶力いいわね！」って英語でなんて言う？ 77
日本人の知らないふだんの生活の表現法／実践で覚えるのが近道

3 まず自分を知ってもらうための英語を覚える 80
自己紹介の英語／「趣味は何ですか」とは聞かない／体調や気分を表現する英単語／人間関係の英単語

4 身近な日本語を英語にする 97
「頑張って」と「お疲れさま」を英語にすると……／「いただきます」「ごちそうさま」を英語で／「よろしく」ってなんと言う？／身近な英語を知らないための間違い表現／カタカナ英語に要注意／ことわざはすぐに使えて、

かっこいい

第5章　フォニックス効果でお母さんの発音もバッチリ！

1　なぜ cat はキャットなの？　116
フォニックスって何？／フォニックス導入法／映画のワンシーンを材料に／テストの成績が悪い＝単語が覚えられない

2　フォニックス進化法　124
まずは3文字英単語で実践／特殊な読み方をする組み合わせ／母音同士の組み合わせ

第6章　お母さん、英語はこうお子さんに教えて下さい

1　子どもに英語を教えたい！――お母さんの"弱点"　140
文法がわからない人が急増中！／そもそも日本語の文法ができない／手ごわい名詞、苦手な定冠詞／この「坂」って単数、複数？／数えられるもの、数えられないもの／手ごわい定冠詞、不定冠詞／代名詞と Be 動詞

2　英語と一緒に"文化"も教える　162
「栗」はマロン？／ハロウィンを利用する／クリスマスを利用する

第7章　体を使っておぼえるから簡単！

1　動作カードで遊ぶ　170
さまざまな動詞／単元として学ぶ3動詞／3人称単数現在／主語が3人称単数現在の時の疑問文／主語が3人称

単数現在の時の否定文

2 ゲームで動詞に慣れる 181
基本3動詞をどう教えるか／Doの疑問文のゲーム／Doesの疑問文のゲーム

3 これでスッキリ！ 前置詞がわかる 185
嫌われものの前置詞／小学生に教える前置詞／前置詞と組み合わせて言ってみる

第8章 すべて英語で！ ゲームを愉しむ！

1 神経衰弱（Memory matching）ゲームで遊ぼう 192
Memory matchingのルールを確認しましょう／Memory matchingをおこなうためのClassroom English／Memory matchingを英語でおこなうためのポイント

2 カルタ取り（Speed touch）で遊ぼう 200
Speed touchのルールを確認しましょう／Speed touchをおこなうためのClassroom English／Speed touchを英語でおこなうためのポイント

3 持ってきてゲーム（Bring here game）で遊ぼう 210
Bring here gameのルールを確認しましょう／Bring here gameをおこなうためのClassroom English／Bring here gameを英語でおこなうためのポイント

4 Cookinglish（Cooking ＋ English）で愉しもう 215
フランス料理で英語のレッスン／Moules mariniére（ムール貝のマリニエール）

10歳からの英語

お母さんの出番です

Teaching English in English

第1章
「話せない」のはなぜか？
その簡単な理由

1 英語に聴こえない!?

■イギリスへの生活体験入学まで

　大学卒業後の話から始めたいと思います。

　私は就職先として第一志望だった宝石専門商社に入社しました。この企業はダイヤモンドの買い付けをおこなうバイヤーを海外に赴任させていました。会社案内や会社訪問を通して、ダイヤモンドバイヤーの存在を知った私は、これまで眠っていた海外への憧れが一気に噴き出してきました。

　大学時代に趣味で彫金を学んでいたこともあり、自然に宝石にも関心を持ち始めていたのです。英語を使ったビジネスがしたい！──強くそう思いました。

　希望の会社に入ったものの、海外に行けるかどうかは、社内試験しだいです。驚いたことに同期の人たちはほとんどがバイヤー志望でした。ひととおり宝石の知識を学んで、とうとう社内試験を受ける段になって、同期の女の子たちがこう言い始めました。

　「ねえ、S君って憶えている？　ほら、内定者懇談会の時、いつも目立っていた帰国子女の男子。彼、入社式にも出席してなかったし、まったく見かけないと思わない？　実はね、すでにニューヨークの宝石鑑定機関に派遣されているらしいよ」

　そうなのです。社内試験はあくまでカモフラージュで、すで

に意中の人物に白羽の矢が立っていたのです。もちろん、試験の結果は全員が不合格でした。海外へ行きたいという私の夢は、いとも簡単に消えてなくなってしまいました。

■ボランティア・ビザを取得

社会人2年目、私の海外への憧れはますます強くなっていました。入社したのは商社ですから、同期のなかには帰国子女や留学経験者もたくさんいました。業務中に彼らの流暢(りゅうちょう)な英語を耳にしたり、海外生活の話を聞いたりする機会が多々あり、そのたびに私ももっと広い世界へ飛び出したいと恋い焦(こ)がれるようになったのです。

強烈な夢を持ちながら、無味乾燥の日々を送らなければならないのは、苦痛以外のなにものでもありません。

そんなある日、本屋で何気なく手に取った留学雑誌を購入しました。パラパラとめくっていると、目に飛び込んできた記事がありました。

それはイギリスでボランティアをしながら英語を学ぶ一年間のプログラムでした。「生活体験留学」という文字に私は釘付(くぎづ)けになりました。イギリスで生活し、現地の人々と接しながら英語を学ぶプログラムです。

記事には、このプログラムの最大の魅力は、滞在先で「お客さん」ではなく「生活者」として過ごすことだとも書かれていました。1年間有効のボランティア・ビザを取得するので、合法的に老人ホームや身体障害者施設でイギリス人スタッフと一緒に働きながら英語を学ぶことができるというのです。

あの時どうして「生活体験留学」という言葉に強く惹(ひ)かれた

のか?——あれから十数年が過ぎ、今だからわかるのは、いつも「生活に密着した英語」を求めていた私に"生活"の一語がピンときたのです。

　もしそれが「語学留学」では、絶対にときめかなかっただろうと思うのです。現地で生活しながら覚える英語に、私は興味があったのです。

　そして当時の私は、アメリカ英語ではなく、イギリス英語こそ本場の英語という思い込みがありました。英語が生まれたのはイギリスだから——そういう単純な理由でした。英語の本家本元で生きた英語に出会いたくて、私はイギリスへと旅立ったのです。

■定期券も買えない

　大きな期待を胸にイギリスへ旅立った日のことを、つい昨日のことのように憶えています。もちろん未知の世界に飛び込むことに不安もありましたが、それよりもずっと求め続けてきた「生きた英語」が学べるという高揚感と期待感のほうがはるかに大きいものでした。

　季節は6月。イギリスが一年中でいちばん美しいバラの季節です。

　イギリスでボランティアを始めるに際して、受け入れ施設の施設長や担当者との面接があります。これは主に仕事をするのに充分な英語力があるか否かを判断するもののようです。

　イギリスに到着して1ヵ月間、私はロンドン郊外でホームステイしながら、たくさんのボランティア募集要項に目を通して、希望の条件に合う施設を探していました。

同じプログラムで日本から一緒に来たメンバーが次々に施設が決まっていくので、私も少しずつ焦り始めていた頃、やっと行きたい施設が見つかりました。

　その施設は、イギリス南部ハンプシャー州の田舎町にあるとても大きな身体障害者施設でした。

　住まいと食事は施設から提供され、労働時間は1日8時間、週休2日で、月額のポケットマネーは日本円で約5万円という条件でした。施設にも町内にも、日本人はまったくいない環境でした。

　比較的大きな施設で働くことと、日本人がいない環境を求めていた私にとって、そこは理想的な場所に見えたのです。
「あなたの英語は仕事をするうえで問題ない」と面接で施設長から太鼓判を押していただいて、意気揚々と施設の門をくぐった私でしたが、その後、さまざまな試練にさらされることになりました。

　働き始めてすぐに、同僚のイギリス人たちから「あなたはアメリカ英語を勉強してきたのね」とたびたび言われました。それまで自分が学んできた英語がアメリカ英語などとはまったく意識していなかっただけに、その時は「そんなものかなぁ」というぐらいの認識でした。

　思い出してみれば、イギリスに来たばかりの頃は駅で定期券を買うことすらできませんでした。駅員が話していることがまったく理解できなかったのですから、当然です。その駅員は私の英語を理解したうえで何かを尋ねたようなのですが、私には彼の言葉が英語には聴こえなかったのです。

　ボランティアを始めてからもそんなことがたびたびあり、独

特のリズムと発音、そしてこれまで聴いたこともない単語に「これがイギリス英語なんだ！」と、遅まきながら自分がアメリカ英語に染まっていたことに気づいたわけです。

■現場の英語に戸惑うばかり

施設長からお褒めの言葉をいただけたのは、面接用にかなり準備したからです。それに、普段みんなが話す砕けた英語よりも、面接時のきちんとしたフォーマルな英語のほうが、私にとっては聴き取りやすかったのです。しかし、実際には駅員の話す英語がわからず、勤務中にスタッフたちが話しているやり取りもほとんど理解できなかったのです。

身障者施設では日々予期せぬハプニングが起こります。私はボランティアでしたから、看護師のような医療行為はおこないませんが、看護師やスタッフが指示したことを迅速におこなう必要がありました。

もともと早口のイギリス人ですが、緊急事態時などは、さらにスピードが上がります。これには、もうお手上げです。困惑して突っ立っている私に、彼らは呆れてその場を立ち去ってしまうことも多々ありました。追いかけて聞き返すのですが、私も焦っているために、いつにも増して適当な言葉が出てきません。相手も急いでいるので、かなりヒステリックに怒鳴られることもたびたびでした。英語がわからないからと、同僚からいじめを受けるようなこともありました。

結局、4ヵ月ほどでノーサンプトン州にある小さな町の施設に移動します。そこはとてもアットホームな雰囲気の施設で、優しいスタッフと楽しいレジデンツ（入居している身障者たち

をこう呼びます）に囲まれて、私はこの地でやっと「生活に密着した英語」に触れられた気がしました。

　私はイギリスでの経験から、日本の学校で教えているのはアメリカ英語であり、アメリカ英語だけを英語ととらえてはいけない、英語にはいろいろな英語があると教える必要があると痛感しました。

2 未知の単語や文法に驚く

■英語と米語の違い

　イギリス英語とアメリカ英語は違うとよく言われますが、両者の違いについてけっこう知らない人が多いようです。

　では、どこが違うのでしょうか。実は、語彙も違えばスペリングも違う、発音も違えば文法も違う、というようにまるで違うのです。

　まず語彙の違いに関しては、同じ物を指しながらイギリス英語とアメリカ英語ではまったく異なる単語を使うことが多々あります。私が渡英前に知っていたのは、以下のような典型的なものばかりでした。

　たとえば「秋」は、イギリス英語ではautumn［オータム］と言い、アメリカ英語ではfall［フォール］、そしてイギリス

英語では「地下鉄」を underground［アンダーグラウンド］や tube［チューブ］と言うのに対し、アメリカ英語では subway［サブウェイ］と言います。

また「ズボン」をイギリスでは trousers［トラウザーズ］と言いますが、アメリカでは pants［パンツ］と言います。イギリスで pants はあくまで"下着のパンツ"のことです。アメリカで「ズボン吊り」は suspenders［サスペンダー］と言いますが、それはイギリスでは"ガーターベルト"を指します。イギリスではサスペンダーは braces［ブレイスィズ］と言います。ややこしいですね。

食べ物で興味深いのは、ポテトチップスとフライドポテトの関係です。ジャガイモを薄切りにして揚げたあのポテトチップスは、アメリカで potato chips［ポテトチップス］と言い、イギリスでは crisps［クリスプス］と言います。カリカリ、パリパリという語感からきています。

日本でいうフライドポテトは、アメリカでは French fries［フレンチフライズ］、イギリスでは chips［チップス］と言います。典型的なイギリス料理 fish and chips［フィッシュ・アンド・チップス］は、鱈のフライと日本で言うフライドポテトの組み合わせです。

日：ポテトチップス、米：ポテトチップス、英：クリスプス
日：フライドポテト、米：フレンチフライズ、英：チップス

語彙が違うと、話が通じないことがあります。fall と言って相手が「秋」という意味を知らなければ、聞き返されるか、ス

ルーされるかでしょう。

しかし、厄介なのは語彙が一緒で意味が違う場合です。これは誤解のもとです。

たとえば、友達に Let's meet on the first floor！（ファーストフロアーで待ち合わせしよう！）と言われたとします。なんということもない表現ですが、これがちょっと曲者です。

アメリカでは first floor は1階のことですが、イギリスでは2階を意味します。イギリス英語で1階は ground floor と言います。近くにいるのに会えないなんてことにならないように、相手はどちらの意味で言っているのか、ちゃんと確かめなければいけませんね。

学校で英米の英語の違いを学ぶこともあるわけですが、それはあくまで知識レベルのことで、実感がありません。

ところが、現地に行けば通じなかったり、誤解を与えたり、実際のトラブルのもとになったりします。

以下は私がイギリス滞在中に、アメリカ英語と比較して語彙の違う単語を見つけて、その違いを表にまとめたものです。

これでもそのほんの一部ですが、実際に生活の中でよく使いそうな単語のみを挙げました。

日本語	イギリス英語	アメリカ英語
サッカー	football	soccer
アパート	flat	apartment
1階（建物の）	ground floor	first floor
エレベーター	lift	elevator

日本語	イギリス英語	アメリカ英語
映画	film	movie
列	queue	line
郵便番号	postcode	zip code
郵便ポスト	postbox	mailbox
横断歩道	pedestrian crossing	croswalk
歩道	pavement	sidewalk
目抜き通り	high street	main street
ガソリン	petrol	gas
片道切符	single	one-way
往復切符	return	round-trip
苗字	surname	last name
セーター	jumper, pull over	sweater
おむつ	nappy	diaper
絆創膏(ばんそうこう)	plaster	Band-Aid
履歴書	CV	resume
消しゴム	rubber	eraser
セロハンテープ	Sellotape	Scotch tape
画鋲(がびょう)	drawing pin	thumbtack
掃除機	Hoover	vacuum cleaner
蛇口	tap	faucet
薬局	pharmacy	drug store

日本語	イギリス英語	アメリカ英語
薬剤師	chemist	pharmacist
テイクアウト	takeaway	to go
ポテトチップス	crisps	potato chips
フライドポテト	chips	French fries
缶	tin	can
缶詰	tinned food	canned food
あめ	sweet	candy
クッキー	biscuit	cookie
茄子	aubergine [オーバージーン]	eggplant
ズッキーニ	courgette [クージェット]	zucchini
ごみ	rubbish	trash, garbage
ごみ箱	dustbin	garbage can

■スペルの違い

では、イギリス英語とアメリカ英語のスペルの違いはどうでしょうか。通常はそれほど大きな問題にはなりませんが、書類に書く場合など気をつけないといけません。以下に代表的なものを挙げてみましょう。

日本語	イギリス英語	アメリカ英語
色	colour	color
味わい、風味	flavour	flavor

日本語	イギリス英語	アメリカ英語
ユーモア	humour	humor
中心、核心	centre	center
劇場、映画館	theatre	theater
メートル	metre	meter
防衛、弁護	defence	defense
違反、攻撃	offence	offense
組織体	organisation	organization
わかる、認める	recognise	recognize
カタログ	catalogue	catalog
対話	dialogue	dialog
小切手	cheque	check
灰色の、灰色	grey	gray
カビ	mould	mold
階、層	storey	story
タイヤ	tyre	tire

　こうしてみると、両者の間でいくつかの傾向があることがわかります。表の最初に挙げた「色」「味わい、風味」「ユーモア」などのように、イギリス英語で語尾が -our で終わる語は、アメリカ英語では語尾が -or となり、u が省略されています。
　このスペルの違いを知らなかった私は、ボランティアとして働いていた時、何かの折に color とメモ書きしてスタッフに渡したことがありました。

そのイギリス人スタッフに「これは間違っているよ」と綴りを書き直された経験があります。彼はこれがアメリカ英語の綴りだとは知らなかったのでしょう。

また、アメリカ英語で語尾が -er で終わるものは、イギリス英語では -re で終わっています。これはフランス語の影響によるものです。

英米では発音にも違いがあります。アメリカ英語は単語と単語をつなげて発音するリエゾン（liaison）が特徴的なのに対し、イギリス英語は単語と単語をつなげず、一語一語はっきり発音します。そしてアメリカ英語に比べて、かなり早口で話す傾向があります。

イギリス英語、アメリカ英語と言っても、地域により方言がありますが、一般的にはイギリスのほうが、アメリカに比べて方言による差異が大きいと言われています。

実はアルファベットにも両者の違いがあるのをご存じでしょうか。あなたは z を「ゼット」と読みますか、それとも「ジィー」と読みますか。もし「ゼット」と読むなら、それはイギリス英語です。もし「ジィー」と読んだら、それはアメリカ英語ということになります。

では、アルファベットの h はいかがでしょう。「エイチ」以外に読み方なんてあるのだろうかと思われた方も多いと思いますが、イギリス人はこれを「ヘイチ」と読みます。初めて聞いた時には、私も違和感を覚えたものです。長年 z を「ジィー」、h を「エイチ」と言ってきた習性はなかなか消えないものです。

■ 文法も違う

そして文法の違いとしては、イギリス英語では話し言葉でHave you got ...?というフレーズを多用します。

これはアメリカ英語ではDo you have ...?に対応するものですが、日本語で「……は持っていますか？」にあたる言い方です。

たとえば「何か書くものを持っている？」と尋ねたければ、イギリス英語ではHave you got anything to write?となりますし、アメリカ英語ではDo you have anything to write?と言うわけです。

Have you got ...?というフレーズもそうですが、イギリス英語は完了形をよく使います。

私がボランティアとして働いていた時、スタッフにHave you done it?（それ終わったの？）とよく聞かれたものです。これを最初に言われた時は、正直なんと言われているのかピンときませんでした。同じことを私が言うとしたら、Did you finish it?しか頭になかったからです。

■ lovely 多用病

1993年のアメリカのコメディ映画『Mrs. Doubtfire』、邦題は『ミセス・ダウト』をご存じでしょうか？ 主演のロビン・ウィリアムズがメークアップアーティストの手を借りて、初老のイギリス婦人ミセス・ダウトファイアに大変身する痛快ドタバタ劇です。

ロビン扮するダニエルは失業中で生活能力がない楽天的なダ

メ亭主、そんな彼に堪忍袋の緒が切れた妻ミランダは離婚という三行半を突きつけます。結局ダニエルは3人の子どもたちの養育権も奪われ、週1回しか子どもたちに会うことが許されないのですが、仕事に忙しいミランダが家政婦を募集していることを知り、イギリス婦人に変身してミランダの目を欺き、家政婦として家に潜り込み、最愛の子どもたちの面倒を見ながら家事に大奮闘することになります。

　ダニエルはイギリス婦人になりすますために、話し方やイントネーションもイギリス英語に変えます。

　とくにlovely［ラヴリィ］を多用するのは、いかにも典型的なイギリス人といった感じです。イギリス人はとにかくなんでもlovelyなのです。たとえば、lovely day（すばらしい日）、lovely dinner（すばらしい夕食）、lovely trip（素敵な旅）といった具合です。

　辞書でlovelyを引くと「美しい、すばらしい」という意味のほかに、小さく「すばらしくよい」というのも添えられているはずです。イギリス英語では会話のなかで、It's lovely. Thank you.（そう、それでいいよ、どうもありがとう）などと、呼びかけや相づちなどに用いられることもあります。

　私がイギリスで暮らし始めた当初は、lovelyという言葉が何かとても特別なもののように響いたものでした。音の響きがとても愛らしく、まるで女性限定の言葉のように感じました。

　もちろん実際には男性も普通に使うのですが、気難しそうなイギリス人紳士や筋肉隆々のマッチョマンや全身タトゥー男などがlovelyと言おうものなら、そのギャップに噴き出しそうになります。と同時に、言った本人の株が上がるような感覚が

私にはありました。それほど、私にはなぜか特別な言葉に聴こえていたのです。You are lovely. などと言われようものなら、舞い上がってしまいそうでした。

しかし、イギリスの生活にも慣れ、彼らの言っていることが少しずつわかってくると、lovely にはあまり積極的な肯定のニュアンスがないことがわかってきます。

イギリスは日本と同じく島国なので、"島国根性"と呼ばれるものがあると言われています。私が彼らに感じたのは本音と建て前を使い分けているということです。

通常、それは日本人の専売特許のように言われていますが、イギリス人も本音を言わずに建て前でうまく隠すのです。

とくに年配のご婦人方にその傾向が強く、会ったばかりの私に darling［ダーリン］と言ってきたりしてびっくりさせられます。

では、そんなに私と仲良くなりたいのかと言えば、まったくそんな素振りはなく、それが社交辞令というか、その場を円滑にする彼女たちの術なのだと気づくのです。

たぶん社交辞令として「ああ、いいんじゃない」程度の意味で使われているのでしょう。日本でも何にでも「カワイイ」と言う人がいますが、lovely の多用には似た感覚を覚えます。

私も lovely を実によく使いました。そうすることで、上手にイギリス英語を話している気分に浸れる気がして、純粋に嬉しかったのです。

■「なんかそういったもの」という英語

lovely の次に私がよく使っていたのが something like that

という言い回しでした。日本語では「何かそんな感じのもの」くらいのニュアンスでしょうか。

これは典型的なイギリス英語というわけではありませんが、とても便利な表現で、文章のいちばん最後に付けてリズムを付けたり、うまく説明できない時や曖昧にしたい時などにかなり重宝しました。

たとえば、次のように使います。

It's not the same, but something like that.
（それは同じではないけれど、そんなようなものね）

同じような意味でイギリス人らしい言い方は、kind of 〜、sort of 〜が挙げられます。断定を避け、口調を和らげるために使われるもので、「ある意味」「〜みたいな」「〜とか」という意味になりますが、実際にはつなぎ言葉に近い感じです。

Is he your boyfriend？（彼は恋人？）と聞かれ、曖昧に答えたい時は、イギリス人を真似てKind of.（そんなとこね）と答えておけばいいでしょう。

このように少しずつイギリス人の話し方を真似ているうちに、彼らの話し方のリズムがつかめてきて、英語もなんとなくさまになってきます。何より耳慣れた言葉や言い回しを使うと、相手に通じやすくなるので、コミュニケーションもスムーズになります。

■「順番に並べる」「タオルを絞る」を英語で言えますか？

語学は「読む」「聴く」「話す」「書く」という4つの側面か

ら成り立っていると言えます。しかし、その4つが満遍なく同じスピードで上達するわけではありません。

私の場合はイギリスでボランティアを始めて3ヵ月を過ぎた頃から、英語が日本語のように自然に聴こえ始めました。ある日突然そうなったというような変化ではなく、少しずつ少しずつ耳が慣れて、気がついたらそうなっていたというのが本音です。

この経験は私だけなのかどうかとても気になり、留学経験者や海外滞在経験者に会うたびに「どのぐらいしたら英語が日本語のように聴こえ始めたか」と尋ねてみました。

その結果はやはり私と同じでした。ほとんどの人が「3ヵ月を過ぎたあたりから」と答えたのです。脳科学的なことはわかりませんが、後発的に新しい言語を理解するためには、新しい言語中枢を作らなければならないと聞いたことがあります。

いずれにせよ、英語が「聴こえる」ためには約3ヵ月ぐらいの集中期間が必要だということです。

しかし、「聴く」ではなく「話す」は、もっと時間がかかりました。最初は、言いたいことを日本語で考えて、それを英語に変換しなければなりませんでした。

英語を使って生活をしなくてはならない立場からすれば、この作業はとてもまだるっこしいものでした。もちろんネイティブ（Native）の会話についていけるはずもありません。私が考えている間に、会話はどんどん進んで、まったく違う話題に変わってしまっているなんてしょっちゅうです。

イギリスの最初の施設では、「日本語→英語」の変換の時間を与えてくれませんでしたので、散々な経験をすることになっ

たわけです。

　私がボランティアとして働き始めてすぐに、たくさんの書類を渡され、何かを早口で言われました。

　私が確認のために「これらを順番に並べるのですか？」と尋ねようとしても適切な言葉が出てきません。頭の中はもう真っ白。そんな簡単なことが言えない自分がショックでした。

　私は今まで何を学んできたのだろう……と悲しくなりました。その時は、arrange in order（順番に並べる）という表現法を知らなかったのです。知っていれば、簡単に略して In order？（順番にですか？）と聞けたのですが。

　また、こんなこともありました。

　私が洗濯室でレジデンツの洗濯物を洗っていると、スタッフが入ってきて、しばし立ち話になりました。なぜそんな話になったのかは忘れてしまったのですが、私が「タオルを絞る」と言いたくて squeeze a towel と言うと、相手は怪訝そうな顔をしています。

　私が近くにあったタオルを手に取って絞って見せると、それは squeeze ではなく wring out を使うのだと教えてくれました。「絞る」と言えば squeeze しか頭になかった私は、彼女に指摘されるまで wring out a towel という表現は耳にしたこともありませんでした。

　なぜ日本語なら子どもでも言えるようなことが言えなかったのか。それは、単にその言い方、言い回しを知らなかったから、というひと言に尽きます。知らなかったから、聴こえてこなかったのでしょう。

　私は、次のような結論に達しました。

日常の中で使っている何気ないひと言は、生活に密着したものになればなるほど、学校や語学スクールでは学べない！　これが私のつかんだ真実です。

第2章
知ってほしい
TEEメソッドのすばらしい効果

1 日本式英語でいいじゃないか

■英語は1つじゃない

　World Englishes［ワールド・イングリッシーズ］という言葉を聞いたことがありますか。

　World Englishesとは、世界中の英語圏で話されているさまざまな英語を認めるということです。

　実際に私が学校への外国語指導助手（ALT）の業務委託派遣に携わった経験からはっきり言えることは、教育現場ではALTとしていちばん歓迎されているのはアメリカ人です。

　それは戦後の日本の英語教育がアメリカ英語を中心におこなわれてきたことが大きく影響しています。

　もちろん教科書もアメリカ英語を基本に作られているので、イギリスやオーストラリア出身のALTたちは教科書と違う英語を話すため、「訛りがきつい」「聴き取りにくい」などの理由からアメリカ人ほど歓迎されないことが多いのです。

　とくにイギリス人ALTは、教科書の英語に納得がいかないと「こういう言い方はしない」と主張することも多く、授業がやりにくいと敬遠されるケースもあります。ましてやフィリピン人やインド人など、英語を共通語として使用しているにもかかわらず、ALTとして日本の教育現場にスムーズに受け入れられる機会は少ないと言えるでしょう。

私は講演や研修の折に参加者の方々にあるアクティビティに取り組んでもらっています。数名でグループをつくり、共同して英語圏の国々を確認する作業です。参加者1人ひとりに世界地図を配布し、地図上で英語圏の国々を黒く塗り潰していきます。その際、「英語圏とは英語が国語、共通語、そして公用語として使用されている国」と規定します。

また、国名と場所が一致しない人のために、国名入りの世界地図を用意し、必要な際に確認してもらうようにしています。

グループワークのあとは、皆で答え合わせをするのですが、毎回似たような結果になります。アメリカ、イギリス、カナダ、オーストラリア、ニュージーランド、ここまではスラスラと国名が挙がりますが、その先は発表する人たちの声も自信なさげに小さくなります。続けて、アイルランド、フィリピン、シンガポール、インド、南アフリカなどの国名が挙がるかどうか微妙なところです。北欧やヨーロッパの国々の名が挙がったり、聞いたこともないような島の名前が出たりしますが、たいていはここらへんでストップ、それ以上は挙がりません。

しかし、私たちがネイティブ（Native）ととらえている国々以外にも、多くの国が存在しています。もしかすると私たち日本人は、英語を第一言語、つまり母国語としている国のみを英語圏と見なしてきたのではないでしょうか。

けれども実際には、英語を共通語、公用語としている国のほうがはるかに多いのです。英語を第1言語としている人口は3億4000万人と言われていますが、第2言語としている人口は6億人にも及びます。

そしてイギリス英語は、イギリスの旧植民地でも使用された

という経緯から、アメリカ英語よりも広く普及しています。

　英語圏はイギリス英語系とアメリカ英語系に大きく2分されます。具体的には、以下のような国や組織で使用されています。

イギリス英語圏

イギリス、カナダ、オーストラリア、ニュージーランド、アフリカ諸国（リベリアを除く）、インド、パキスタン、シンガポール

イギリス英語を公用語とする機関
欧州連合（EU）、北大西洋条約機構（NATO）、国際連合（UN）、世界貿易機関（WTO）、国際オリンピック委員会（IOC）、国際標準化機構（ISO）

アメリカ英語圏

アメリカ、フィリピン、リベリア

アメリカ英語を公用語とする機関
世界銀行（the World Bank）、米州機構（the Organization of American States）

　英語圏は世界のいたるところに存在し、それぞれの地域で多様な英語が話されています。国や地域が違う場合、英語圏出身のネイティブ同士といえども、会話がスムーズに進まないことがあります。
　そんな時、彼らは「今、何て言ったの？」「それってこうい

う意味？」といった具合に、お互いに意味を確認し合っているのを、私は何度も目にしてきました。

　私も、聞いたこともない言い回しや表現に出会うと、What does it mean ?（それはどういう意味なの？）や What do you mean by ...?（……とはどういう意味なの？）とすぐに尋ねるようにしています。

　イギリスでボランティアを始めて間もない頃、聴き慣れない不思議な響きのフレーズを何度も耳にしました。

　何度聴いても、私には「チャッキンナビン」としか聴こえないのです。そんな英単語があるのか、またあったとしてもどう綴るのか、まったく見当もつきませんでした。

　そこで「What do you mean by "チャッキンナビン"？」（"チャッキンナビン" ってどういう意味なの？）と尋ねました。そこで初めて chuck in a bin と4つの単語から成り立つ連語だったこと、そして「ゴミ箱に捨てる」という意味だったことを知ったのです。

　これをそのまま読むと「チャック・イン・ア・ビン」になりますが、単語をつなげて読むリエゾンによって「チャッキンナビン」とまるで1語のように聴こえたというわけです。

　chuck には「……をぽいと投げる、ほうる、捨てる」という意味があります。また bin は「箱、容器」を表す言葉ですが、イギリスでは「ごみ箱」の意味で使われています。

　ごみ箱はイギリス英語では dustbin などと呼ばれますが、日常生活では人々は bin と省略して呼んでいました。

　捨てるといえば throw away、ごみ箱といえば garbage can しか思い浮かばなかった私に、chuck in a bin がわからな

かったのも無理はありません。

　もちろんネイティブ同士であれば、ある程度察しぐらいはつくのかもしれませんが、私が体験したこのような出来事は英語圏出身者同士でも充分に起こりうることです。

　それは喩(たと)えてみれば、まるで私たち日本人が方言を使って会話をしているようなものではないでしょうか。

　私たちは方言が通じない場合に、標準語に置き換えて意味を説明したりすることがあります。しかし英語圏出身者が同じように標準語に置き換えることはありません。なぜなら、英語には標準語が存在しないからです。

　日本は世界でも稀(まれ)な標準語を持つ国です。標準語を持つ私たちからすれば、英語にも標準語があって、みんなそういう英語を話していると考えるのは無理からぬことです。

　イギリスの生活で私の英語が使いものにならなかった理由の1つは、ここに隠れていると確信しています。

2 日本人が日本人に教える英語の利点

■私がTEEメソッドに出会った経緯

　私はこれまで教育委員会や学校法人への外国語指導助手（ALT）を業務委託派遣する仕事に携わってきました。教育現場のニーズに応えられるALTの育成や、小学校における英語

活動のカリキュラムやプログラム作りにも力を注いできました。

それらの経験を通して、独自の研究をまとめたものがTEEメソッドです。

TEEとはTeaching English in Englishの頭文字を取ったもので「英語で英語を教えること」という意味です。

講演や教員研修のアンケートでTEEメソッドが常に90％以上の高い共感を得ているのは、その基本概念や指導法に多くの方々が共感してくださっているからにほかなりません。

TEEメソッドを実践すると、今まで抱いていた英語教育に対する疑問、なぜ話せないのかという疑問が氷解します。

その基本概念とは「五感を使って、思いを伝え、言葉に結ぶ」というものです。

それを具現化するために、以下の5つの条件が満たされる必要があります。

TEEメソッドの5つの条件

① 先生の「伝えたい」、生徒たちの「受け取りたい」という一途な思い。
② 英語だけでコミュニケーションする。
③ 日本語の発達段階に応じた英語教育をする。
④ 習得初期段階においては、指示英語を自由に使える日本人が授業をおこない、インプットする。
⑤ 外国人講師でアウトプットする。

英語だけで授業をおこなうと言うと、何を今さらと思われる方もいるかもしれません。「オール・イングリッシュの授業？

そんなもの今時、小学校でも外国人の先生がやっているじゃないですか!?」という声が聞こえてきそうです。

今や英語圏出身のネイティブから英語を教わるのは当たり前の時代です。

■つい日本語を使ってしまう外国人講師

外国人講師によるオール・イングリッシュを謳（うた）っている子ども向け英会話スクールや英語教室はたくさんありますが、実際にすべて英語でおこなっているわけではありません。

どういうことかというと、come here や sit down レベルの英語なら子どもでも理解できるが、レッスン中の指示や語りかけ、ゲームのルール説明などは無理だと思い込んで、日本語が堪能なネイティブ講師は、つい日本語を使ってしまうのです。

私が指導してきた ALT たちも、最初は私の指示を守って英語だけで授業をしようと頑張るのですが、ジェスチャーや絵を描いたりしても、子どもたちがまったく理解しない場面に遭遇することがあります。

そんな時、彼らにとっていちばん手っ取り早い方法は日本語を話してしまうことです。さっきまで「何言ってるのか、全然わかんなーい！」と言いながら、ざわざわしていた子どもたちが「なーんだ。そういうこと！」と一瞬にして納得してしまうからです。

そして、それまで不安げな表情で ALT を見つめていた小学校の担任の先生も、ほっと安堵（あんど）の溜息（ためいき）を漏らします。

これに味を占めると、英語で説明したり、語りかけたりすることが億劫（おっくう）になってしまいます。英語がわからない子どもたち

に、わざわざ英語で話しかける必要性が見出せなくなってしまうのです。これでは本末転倒です。なんのためにわざわざネイティブ講師を雇っているのかわかりません。英語の授業を日本人が教えてもたいした違いはなさそうです。

　残念なことに、外国人講師を雇う側も彼らに日本語の能力を求めています。教育委員会でも、学校でも、英会話スクールでも、「やっぱりネイティブの先生じゃなきゃ！」と言い、その舌の根も乾かぬうちに「でも日本語がまったく話せないっていうのは困ります」と言います。

　子どもたちが理解できなかった時、日本語で説明できるようにという配慮からでしょうが、このやり方では英語は習得できません。

　結局私たちは、英語はネイティブが教えるのが当たり前という前提を持ちながら、英語だけで授業をするのは無理だと初めから決めつけているのです。

　ここに日本人の英語学習の大きな誤算があると私は思っています。

■レッスンをすべて英語でやる

　指示や語りかけ、ゲームのルール説明など、レッスンをすべて英語でおこなうことで、レッスンの内容だけでなく実際に使える英語が自然に身につくようになります。

　たとえば以下のような指示や語りかけを考えてみてください。レッスン中によく使われるフレーズばかりですが、それらを英語で言った場合、子どもたちは本当に理解できないのでしょうか。

「バッグは向こうのテーブルの上に置いてね」
「それはごみ箱に捨ててね」
「順番はジャンケンで決めてね」
「何度もアクビしているねぇ」
「ぼーっとしてないで！」
「きちんと座って！」

　その場にいれば誰もが充分理解できるようなことを、シンプルな英語で言うのです。
　英語を英語で教えることで、子どもたちが五感をフルに活用して、生活に密着した英語を体得していきます。
　私からすれば、講師が英語圏出身のネイティブであるか否かはたいした問題ではなく、むしろ徹底して英語の指示で授業をおこなう講師であれば、日本人であってもなんの問題もないと思っています。
　しかし、現実はそう簡単にはいきません。たとえばネイティブ講師の代わりに、英語が堪能な日本人講師を派遣しようとすると、受け入れ側からは、「やっぱり、ネイティブじゃないとねぇ。本場の発音で学ばないと……」とけんもほろろに断られてしまうのです。
　私に依頼がきた水戸市教育委員会生涯学習課主催の公民館の小学生英語講座でも、当初は館長が「どうしてわざわざ日本人に頼むんだ。やっぱり講師は外国人だろう」と担当者に言ったとか。これが今の日本の現状なのです。
　日本語が堪能なネイティブ、とくにアメリカ人に限定して、

"理想的な英語教師"を求めている限り、日本人はいつまでたっても英語が話せるようにはならないと私は断言します。

■日本人が教える利点のほうが大きい

私たちは英語を母国語とするネイティブとだけ英語で話をするわけではありません。むしろ英語を介して、非英語圏出身者であるノン・ネイティブ同士で話をする機会のほうが確実に多くなっています。

世界中で英語が話され、そのありようも多様化している現代においては、イギリス英語やアメリカ英語だけを英語ととらえるのではなく、英語を共通語としている国々の英語にも目を向け、世界の多様な英語を認める World Englishes を基として、コミュニケーションすることが求められています。

それを可能にするのが、日本人講師による英語で英語を教える新しいスタイルの教育です。

日本語が堪能な外国人 ALT を求める教育現場に反して、私は英語が自由に話せる日本人英語講師の重要性を唱えたいと思います。

日本語が堪能なネイティブと英語が堪能な日本人の違いは、結局のところ何なのかという疑問をお持ちの方もいるでしょう。まして授業では英語以外いっさい使わないとすれば、なおさらその疑問は大きくなることでしょう。

それでも英語堪能な日本人を勧めるのは、子どもたちがよく知っている、日本語として使っている英語（いわゆるカタカナ英語）を有効的に利用できること、そして日本人がどこでどう躓くか熟知していることなどの利点があるからです。

TEEメソッドにおいては、英語で英語を教えることが大前提ですが、その実践において私が何よりも大切にしているのは、教え手の「伝えたい」という熱意と、教わる側の「受け取りたい」という一途な思いです。

　常々私は、英語はコミュニケーションの手段であると考えてきました。手段であるならば、必ずその目的が存在します。

　その目的とは、お互いの気持ちを通わせることです。何かを感じて、誰かにその思いを伝えたい。あるいは、誰かの話をぜひ聞きたい。自然に湧いてくるそういう感情こそが、コミュニケーションには大切だと思うのです。

　とすれば、コミュニケーションの基本は、日本語であれ、英語であれ、なんら変わりません。常に相手の目線に立ち、どうやったら理解してもらえるかを探求し、実践することがコミュニケーションなのです。

　英語が上手に話せる、または英文法が完璧な良い学習者 good learner だからといって、良い先生 good teacher になるとは限りません。「伝えたい」という一途な思いがあるからこそ、相手は「受け取りたい」と懸命に耳を傾けてくれるのです。

　それは赤ちゃんが言葉を覚えていく過程になぞらえることができます。私たちはまだ言葉を知らない生まれたばかりの赤ちゃんにもいろいろと話しかけます。この時「赤ちゃんは私たちが話していることを理解できない」と思いながら話しかけているでしょうか。むしろ「私たちの言っていることがわかる」と信じて言葉をかけているはずです。

　私が英語で授業する時も同じです。私は生徒たちに対して「私が話している英語を理解できる」と信じて英語で話しかけ

ています。誰に対しても「わからないかもしれない」と疑うことはまったくありません。

　もし、誰か1人でも私の話す英語がわからないというのであれば、それは私が充分に彼らの五感に訴えていないということになります。

　だからこそ、私は実物を見せたり、ジェスチャーしたりしながら、五感に訴えるアプローチをしていくのです。

　しかし最初から英語だけでコミュニケーションが成立するはずはありません。

　とくに習得初期段階ではボキャブラリーや表現力が不足していますから、限られた場面で日本語を使うことは許されるでしょう。私は生徒たちが日本語で質問することを良しとしています。

　相手が子どもたちの場合は、私が英語を話し、子どもたちが日本語を話すという、端から見るとちょっと不思議な形でコミュニケーションすることも多いのです。しかしこれでも、ちゃんと意思疎通ができているのですから、彼らは私の英語をちゃんと理解しているということになります。

　語学の才能は誰の中にも眠っています。私たちはそれを引き出し、開花させることができます。それができるのは、「五感を使って、思いを伝え、言葉に結ぶ」TEEメソッドです。この基本概念は「語らずとも察する」日本人の感性に通ずるものです。

　私の「伝えたい」という思いに、子どもたちは心を全開にして懸命に受け取ろうとします。だから、五感を通して思いが伝わり、英語でコミュニケーションができるのです。

日本人のための最善の英語習得法がここにあります。

■オノ・ヨーコさん、戸田奈津子さんの日本人的英語

小学生のお子さんを持つお母様方からいただく質問でいちばん多いのは以下のようなものです。

「家庭でも英語を教えたいのですが、私のジャパニーズ・イングリッシュで教えてしまってもいいのでしょうか? 子どもが私の発音を覚えてしまうのではないかと心配で……」

この質問からもわかるように、日本人の多くが英語の発音を非常に気にします。その関心の高さにはちょっと尋常でないものを感じてしまうほどです。

英語とひと口に言っても、「読む」「聴く」「話す」「書く」と4つのファクターがあるわけですから、なぜそこから「話す」だけを取り上げ、しかも「発音」に異常にこだわるのか。

やはり日本人にとっては「英語を話す」ということが、とても高いハードルになっているとしか思えません。

では当初の質問に戻って、「家庭でもジャパニーズ・イングリッシュで英語を教えていいのか」ということについて考えてみたいと思います。

結論から言うと、私の答えは「イエス」です。学校や塾で学んだことを復習する意味でも、家庭で親御さんが英語を教えることは非常に効果的です。

問題は、ジャパニーズ・イングリッシュか否かではなく、その発音で通じるかどうかだということです。

発音がどんなに下手であっても通じれば、それは立派な英語です。反対に、独学で必死に勉強して、端からみれば流暢に聴

こえる英語でも、相手にそれが通じなければ何の意味もありません。発音云々(うんぬん)よりも大切なことは、自分の思いを相手に伝えるということです。

実際に、どんなに英語が上手に話せたとしても、外国人とスムーズに交渉できるわけでもなければ、たくさんの外国人の友達ができるわけでもありません。

イギリスでボランティアを始めたばかりの頃の私は、英語を上手に話せれば友達もたくさんできるし、同僚にいじめられることもないと信じていました。そのため、うまく話すことだけに躍起になっていた時期があります。

しかし、私よりも明らかに語彙も少なく、たどたどしい英語を話すほかの日本人たちが、難なく周りに溶け込み、多くのイギリス人の友達をつくり、とても充実した日々を送っている様子を知って、少なからずショックを受けました。

アメリカで大成功を収めた日本人実業家のドキュメント番組をテレビで見た時にも、同じショックを受けました。

アメリカ人女性と結婚し、子どもをもうけ、何十年もアメリカに暮らしているにもかかわらず、その実業家の英語はネイティブレベルどころか、ビジネスレベルの英語にも至っていませんでした。

以前、テレビのトーク番組にオノ・ヨーコさんと息子のショーン・レノンさんがゲスト出演されたことがありました。ショーンさんはかなり日本語が上手で、トークは日本語だったのですが、時折オノ・ヨーコさんがショーンさんに英語で話しかけていました。その時私は初めて、オノ・ヨーコさんの英語を耳にしました。

日本人的な英語の発音、とてもシンプルでわかりやすいフレーズ……彼女の英語は私の想像とは違っていました。

　世界的なスーパースターと結婚し、ずっとアメリカを拠点に活動している彼女は、いわば世界に通用する日本女性の代表です。「きっとネイティブのようにカッコイイ英語を話すに違いない」「常に英語のシャワーを浴びて生活しているから、ネイティブのような発音に違いない」というのは、こちらの勝手な思い込みにほかならないと知りました。

　またオノ・ヨーコさんと同世代に、字幕翻訳家の戸田奈津子さんがいます。字幕翻訳という職業を一般に知らしめた第一人者です。

　何かのインタビューで、戸田さんが初めて通訳をした時のことを語っていました。

　映画の記者会見での通訳の仕事だったそうですが、驚くことに彼女、それまで一度も外国人と話をしたことがなかったそうです！　その時、英語力はさほどではなかったけれど、映画のことをよく知っているため話が通じるというので、重宝がられて通訳の仕事も舞い込むようになったとのこと。

　戸田さんは「英語は下手ですよ」とおっしゃっています。

　発音や流暢さで言えば、戸田さんよりも上手に話す通訳者はたくさんいるでしょう。しかし戸田さんのように、映画に精通し、字幕翻訳の仕事を極めた人はほかにはいません。その専門的知識と背景があるからこそ、ハリウッドスターが来日する際は、彼女に記者会見の通訳をしてもらうことがステイタスになりえるのでしょう。

　かく言う私も、「語学コンサルタント」などと名乗って仕事

をしていますが、すでに述べたように、英語優等生でもなければ、帰国子女でもありません。数年間の海外滞在経験はありますが、英語圏はボランティア活動をしていたイギリスでの1年間だけです。決してネイティブのような英語を話すわけでもありません。私よりも上手に英語を話す人は、それこそたくさんいます。

でも、相手に英語で思いを伝えたい、どうしたらもっと自由に英語を話せるようになるのか、その方法を教えたい、という気持ちは人一倍持っているつもりです。

私が「ネイティブの発音なんて必要ない！」と言うのは、語弊があるかもしれません。しかし、通じればオーケーぐらいの気持ちで、もっと気軽に英語を話してみてもいいのではないでしょうか。

■ TEEメソッドでこんな効果が

今「話す」英語にウエイトがかかって、受験勉強を除けば、訳読や文法が軽視されているように思います。しかし、明治の文明開化以来、日本人の語学習得の主流は訳読中心でした。

私自身、訳読や文法を中心とした英語教育で育ってきた1人です。中学校で初めて英語を学んでから大学まで、ずっと積み上げてきた英文法や読み書きの修練は決して無駄なものではなかったと実感しています。

140年余り続くこの英語教育の慣習を基礎として、その土台の上に「生活に密着した英語」を導入することが今、求められています。

そのためには、英語による指示をパターン化する指示英語、

つまり教室英語 Classroom English の定番を作る必要があります。英語による指示をパターン化し、意識的に同じシチュエーションで繰り返し使用することで英語を体得するのです。

たとえば小学生クラスであれば、私はいつも英語で次のように言ってゲームの順番を決めるように促します。

Let's decide your turns by rock-paper-scissors.
（ジャンケンで順番を決めてね）

また、1人ずつ順番に指していって問題に答えてもらう時は次のように言います。

I'll ask you a question one by one.
（1人ずつ指していくよ）

いずれの場合もジェスチャーが欠かせません。rock-paper-scissors は「グー・チョキ・パー」と実際にやって見せれば一目瞭然です。

question［クエッション］は多くの子どもたちが知っている英単語なので何の説明もいりません。そして one by one（1人ずつ）と言いながら、1人ひとりを指で差していく行為で、子どもたちは1人ひとりに問題が出されることを容易に察知します。

このようにその場にいれば誰もがわかることを英語で指示していくのが Classroom English です。

英語を英語で教えることは決して難しいことではありません。中学校レベルの単語を使って簡単に表現することができます。しかも児童・生徒を取り巻く環境を理解している日本人であれば、日本語になっている英単語を意図的にClassroom Englishに取り入れることで、彼らの注意を引いたり、ヒントを与えたりすることも可能です。

　とくに習得初期段階においては、指示英語を自由に使える日本人が授業をおこないインプットし、外国人講師でアウトプットする形で進めていくのがいいと考えています。
「読む」「書く」といった従来の学習内容を、英語の指示でおこなうことで、「話す」「聴く」という能力を自然に引き出し、定着させる効果が大いに期待できます。

■お母さん、生活の中で英語を使いましょう

「TEEメソッドの5つの条件」中の「先生」を、「お父さん」「お母さん」に替えて、ご家庭でも実践することができます。ご家庭にもよると思いますが、お子さんと過ごす時間が多いのは、やはりお母さんでしょう。

　英語教育に熱心なお母さん方のなかには、「うちの子は英語を習っているのに、家では全然英語を話さないんです」と心配される方もいます。心配される気持ちもわからないではありませんが、お子さんにしてみれば「どうして英語で話さなきゃならないの？」と思っているに違いありません。
「さあ、今日は何を勉強してきたの？　英語で言ってごらんなさい」と聞いてみたところで、「今日は動物を勉強してきた。ゲームでは負けちゃった。悔しいな」などと日本語で答えるの

は目に見えています。

　もしかすると、「どうせママに英語で言ったって、わかんないでしょ！」とちょっと生意気な返事が返ってくるかもしれません。

　いずれにせよ、子どもたちにとっては、家庭でわざわざ英語を話す必然性がないというわけです。

　お母さんとしては、せっかく英語を習わせているのだから、お子さんが英語で答えることを期待しているのでしょうが、そうはいきません。

　日本語で聞かれれば、子どもたちは日本語で答えます。英語で答えてほしければ、英語で話しかけるのがいちばんです。

　週1回の英会話教室だけで英語ができるようになるわけではありません。レッスンの復習や内容の定着という面から考えても、日々の生活の中に英語が取り入れられていたら、お子さんはごく自然に「生活に密着した英語」を体得していくことでしょう。

　ぜひ、お子さんと一緒に楽しみながら生活の中で英語を使ってみませんか。

　ただし、そこで気をつけなければならないのは、何歳から英語を学ばせるかということです。

　「TEEメソッドの5つの条件」の3番目に、「日本語の発達段階に応じた英語教育をする」と書かれています。

　日本語の発達段階と英語学習年齢には非常に密接な関係があるのですが、そのあたりのことについては次章で詳しくご紹介しましょう。

第3章
英語は10歳からはじめるといい

1 10歳にならないと英語は話せない

■幼児英語教育の間違い

「はじめに」で触れましたように、私はまだ日本語もままならない幼児期からの英語教育には、反対の立場に立っています。

私がNPOを設立し、その事業の一環として語学スクールを運営し始めたばかりの頃のことです。

偶然にも3歳のお子さんを持つ数名の母親からスクールの問い合わせの電話をもらいました。

「うちの子は3歳ですが、今から英語を始めるのはもう遅いでしょうか!?」と、かなり切実な様子です。私は呆気にとられてしまいました。

確かに世の中は空前の英語ブームです。「英語教育は早ければ早いほどいい」という早期英語教育が支持されるご時勢なのは重々承知しているつもりでした。

しかし巷で「3歳で英語を始めるのはもう遅い」などと、まるで社会通念のように語られているのは、腑に落ちないどころか、反対の声を上げないといけないと使命感さえ感じました。

インターネット上には英語教育に関して、プロ、アマ問わずたくさんの方々が独自の見解を発信しています。錯綜と言ってもいいかもしれません。

しかし、子ども向け英語に関しては、「どうすれば我が子を

バイリンガルに育てられるか」という"バイリンガル子育て"に人気が集中しています。

バイリンガル子育てを勧める幼児英会話スクールの広告では「5歳にして完璧なバイリンガルです！」というような宣伝文句をよく目にします。

こういう言葉に煽(あお)られて、少々焦り気味のお母さんに、私はいつも「そんなに早くから始める必要はありません」と答えています。

子どもには年齢に応じた発達段階があります。早期英語教育はそれを無視しているわけで、どこかに無理が生じます。

子どもの英語力をあれこれ言う前に、まず5歳児の日本語力について考えてみましょう。

幼児が理解できる日本語には限界があります。毎日耳にしている言葉なのに、大人のように話すことができません。それは心身（脳を含む）の発達と経験が足りないからです。母国語でさえ言葉や表現の習得が未熟な幼児期に、第2外国語の英語がうまく話せるはずはありません。

幼児英会話スクールは、何を根拠に"完璧なバイリンガル"などと謳っているのでしょうか。

■小さい子には苦手な分野がある

日本語教育にしろ、英語教育にしろ、年齢に応じて発達段階があり、それを無視することはできません。

それを実証する面白い事例があります。

幼児期の英語カリキュラムのひとつとして、よく取り上げられるものに「色」があります。幼稚園児に英語で色を教える際

に、とても興味深い傾向が見られるのです。

　赤やピンク、青などの目にも鮮やかな色は、誰もが大きな声でRed！Pink！Blue！などと元気よく答えるのですが、それとは対照的に、グレーや茶色といった暗い色調の色は何度子どもたちに見せてもなかなか覚えてくれません。根気強く何度も繰り返して、やっと定着するといった感じです。

　それくらい暗い色は、子どもたちにとって興味がないというか、引っかかりのない色ということになります。

　またアルファベットの大文字、小文字もきちんと認識することはできません。これまでの私のティーチング経験から、子どもたちは大文字を最初に覚えることがわかりました。

　実際には小文字が覚えられないと言ったほうがいいかもしれません。記憶に残らないといった感じでしょうか。

　この現象は小学3年生ぐらいまで続きます。徐々に小文字を認識し始めるのが、小学3〜4年生ぐらいからで、個人差はありますが5〜6年生になると、週1回の授業でも1年もすればほとんど完璧に把握できるようになります。

　この事例からもわかるように、子どもたちには苦手な分野があります。彼らは興味のあるものや身近なものから言葉を覚えていく習性があるようです。

　幼児期に早くから英語を詰め込んでも、実際には「色」「動物」「果物」「野菜」「食べ物」、アルファベットの大文字（全部は覚えられませんが）、そして、1から10までの数字ぐらいの単元しか覚えられません。もちろん、読んだり、書いたりすることはほとんどできません。

■口から英語……でも頭で理解していない

赤ちゃんの時から英語教材のビデオ漬けというのもよく耳にする話です。

以前、新聞で言語聴覚士の方が書かれた記事を読んだことがあります。「言葉が遅くて心配」と相談に来られるお子さんが、赤ちゃんの時から英語教材のビデオ漬けだったというケースが多いとのことでした。

赤ちゃんがどのように言葉を学んでいくのか医学的にも解明されていないため、ビデオ漬けと言葉の発達が遅いことの因果関係は証明できていないそうですが、少なからず影響があるのではないかとの結論でした。

何よりも印象的だったのは、その道のプロである言語聴覚士が「言葉はテレビやラジオからではなく、生身の人間とのやり取りを通じて身につけていく」という見解だったことです。

英語教材は DVD のほかに CD も多く出回っています。

ある語学教材の説明会に参加した時、プレゼンターが早期英語教育の成功例として、幼い頃から英語の CD を聴かせてバイリンガルにした母子の話をしました。さまざまなシチュエーションごとに編集された CD を毎日子どもに聴かせていたというのです。

ある日、そのお母さんはいつものようにお子さんを車に乗せて幼稚園へ向かっていたのですが、うっかりして道を間違えてしまいました。

すると子どもが Mom, what are you doing？（ママ、何やってるの？）と口にしたそうです。

即座に会場のあちこちで感嘆の声が上がりました。

しかし、その話には以下のような続きがありました。その子は続けて「ねぇ～、ママ、What are you doing？ってどういう意味？」と質問したというのです。

「意味がわからなくても、さまざまなシチュエーションに対応できるCDを聴いていたので、同じ場面に出会った時に、自然に英語が出てきたのですね」と、プレゼンターはニコニコしながら、自社開発教材の効果を力説していました。

意味もわからずに、言葉を話す？　それで本当に英語が話せたと言えるのでしょうか？

私は、プレゼンターの満面の笑みから目をそらせて「やっぱりこの方法に効果はない」と、ひとり納得したものです。

言葉は相手とのやり取りのなかで、目で見て、場の雰囲気を感じ取って、自然に吸収していくものです。CDからの一方通行で英語を覚えるのは、人間が機械になったようなものです。特定のシチュエーションになるとスイッチが入り、決まったセリフは言うものの、言った当人は意味がわかっていない、というのですから、これでは機械と一緒です。

■ 10歳の壁――実は未知の世界へのドア

子どもの成長過程において脳の認知機能などの変化を示す「10歳の壁」という言葉があります。

通常、子どもは10歳前後で親への依存心が弱まり、論理的抽象的思考の始まりや思考の計画化、思考過程の意識化ができるようになると言われています。

それは自我に芽生え始めることだと私はとらえているのです

が、この時期を境にして1人ひとりの理解力や読解力に差が出てくるため、この時期をどう乗り越えるかが大きな課題とされています。

また外国語学習においても、この問題は「言語習得の臨界期」などと呼ばれ、よく引き合いに出されます。

10歳まではどんな言語でも身につけることができ、習い覚えた言語は生涯の言語になると言われています。

この説は、早期英語教育ブームの火付け役になった感がありますが、これは母国語のような核となる言語の形成について当てはまる理論のように私は思います。

渡辺弥生氏（発達心理学、発達臨床心理学）は、著書『子どもの「10歳の壁」とは何か？』（光文社新書）の中で、「9歳」「10歳」はとても興味深い年齢だと書いています。

20世紀において最も影響力の大きかった心理学者の1人と言われるピアジェは、思考の発達は10歳前後に転換期を迎えると説いているそうです。

この転換期を含む7歳から11歳までは「具体的操作期」と呼ぶそうです。10歳ぐらいまでは、見たり、聴いたり、体験したりすることでさまざまなことを学んでいきますが、そこを過ぎると、数や量の保存概念が成立するそうです。

保存概念とは、たとえば同量の水を異なる高さや大きさの容器に入れても、全体の量には変わりはないと知っていることです。

しかし、10歳以前の子どもたちは、水面の高さだけに注目し、水面の高さが高いほうが水量は多いと思うそうです。ところが10歳を過ぎる頃から、見た目が変わっても量や数が変わるわ

けではないと理解できるようになるといいます。

　同様に系列化という概念の理解も深まります。10歳以前は物事を的確に比較することができず、行き当たりばったりなのに対し、客観的な数値を基に比較したり、順番に並べたりすることができるようになるといいます。

　私が子どもたちに英語を教えながら痛感していることは、彼らの思考力と英語習得力がピッタリ比例していることです。見たり聴いたりしながら、同時に客観的な概念の理解が進むことで、言葉の習得も早まるのです。

　これまでの経験から言えることは、「10歳の壁」の真っ只中である小学校4年生ぐらいから英語を学ぶことが、いちばん効果的に英語が定着するということです。いわば最短距離で英語を学ぶにふさわしい年齢です。

　一般的に「10歳の壁」は障害のイメージで語られるのですが、私の考えでは「10歳の壁」はもはや壁ではなく、むしろ未知の世界へのドアのように思えるのです。

　この時期の子どもたちは、まるで乾いたスポンジがどんどん水を吸い込んでいくように英語を吸収していきます。

　それ以前はなかなか難しかったアルファベットの大文字と小文字、そして前置詞を使った表現などがスムーズに理解できるようになります。

　もちろん、「グレー」や「ブラウン」などの暗い色調の色も難なくクリアします。習い覚えた単語や表現を使って、自分の思いを表現し始めるのもこの年齢からです。

　自我が芽生え始める時期ということは、自分の意思を言葉にできる年代ということではないでしょうか。母国語を使って自

分の意思表示がしっかりとできることが、外国語の習得にも大きく関係していると私は考えています。

しかし10歳ではまだ抽象的な理解が充分ではありません。渡辺氏の言葉で言えば、「形式的操作期」を経なくてはなりません。仮説を立てるなどの抽象的な操作ができる年齢、それが11歳以降ということになります。

■ものを覚えるには順番がある

早期英語教育を勧める英会話スクールや塾では、早い年齢から英語を学ぶことで英語が上達すると謳っていますから、毎年レッスン内容をレベルアップしていかなければなりません。さもないと、大きな期待を抱いて子どもを入会させた親を納得させることはできません。

実際に週1回のレッスンに通っていた幼稚園児の親が、「1年間も通わせているのに英語がペラペラにならない！　やめさせる！」と怒鳴り込んで来たという話を私は何度も耳にしています。

冷静に考えてみれば、週1回50分程度のレッスンを1年間受講したぐらいで英語がペラペラになるはずがないのですが、早く学習を始めた分、多くのことが習得できると考えるようです。

しかし、あまり早くから学び始めると、年々難しくなる内容についていけなくなるということもあるのです。

小学4年生で現在完了形を学んでいると聞いて驚いたことがあります。宿題として不規則動詞の過去分詞を暗記していかなければならないので、家で子どもが呪文のようにブツブツ唱え

ているとか。

　現在完了形は中学3年生の学習内容です。14〜15歳の子どもたちでさえ、現在完了形がすんなり理解できるわけではありません。「完了」や「結果」はまだしも、過去のある時点からその動作が現在まで続いていることを表す「継続」などは手にあまるようです。それを論理的な思考のできない小学4年生に教えるとは！

　幼稚園児に3単現（主語が3人称単数［he, she, it］で、時制が現在の時、動詞の語尾にsまたはesを付けること。he playsとかshe goesなど）を教えていたスクールも私は知っています。これではただの詰め込み教育にすぎません。まったく開いた口が塞がりません。

　私の経験上、小学生が習得できる文法範囲は、現在形（Be動詞、一般動詞）、現在進行形、そしてどんなに頑張っても、5〜6年生限定で3単現、過去形（Be動詞、一般動詞）までです。内容的には、中学2年生レベルに少しかかるぐらいでしょうか。使用する動詞はかなり制限されます。過去分詞などとんでもありません。

　たとえばある絵を見て、「幻想的」という日本語が頭に浮かんだとします。この「幻想的」という日本語を知らないと、fantasticという英語は絶対に出てきません。日本語による思考が言葉を選び、その思いに適切な英語を探すからです。

　日本語の語彙や表現力が乏しければ、英語での表現にも限界が出てきます。

　反対に、英語のほうが日本語より先に口を突いて出る場合があります。

豪華なクリスマスの飾り付けを見て、子どもが思わずGorgeous！［ゴージャス］と叫んだとして、「うちの子は英語の才能があるかも！」と喜ぶのはちょっと早計かもしれません。もしかするとその子は、gorgeousに対応する日本語を知らなかっただけと考えたほうがいいかもしれないからです（それでかまわないというなら話は別ですが）。

ある会合で、小学生の子どもを持つお母さんがこんな話をしました。

「『ピザを10回言って』と言って、相手が10回言ったあとで、肘を指差して『じゃあ、ここは？』という遊びがありますよね。英語を習っている小学4年生の息子にこれを試してみたら、Elbow！［エルボー］って英語で答えたんです。私もそれくらい日本語から自由になりたいです」と満面の笑みです。

その小学生の子が「肘」という日本語を知らなかったとは考えにくいので、多分、彼にとっては日本語で「肘」と言うよりも、英語でelbowと言うほうが身近だったということだろうと思います。もしかすると、ちょうどその時、学校や英語教室で身体の名称を英語で学んでいたのかもしれません。

日本語より先に英語が口を突いて出ることを手放しで喜ぶ親のなんと多いことでしょうか。

私は海外で母国語も英語もどちらも中途半端になってしまったバイリンガルを何人も見てきました。彼らは日本語でも英語でも日常会話には事欠きません。

しかし、それ以上の域を出ないのです。日本語にも英語にも核がない彼らは、語彙も表現力も明らかに不足していました。微妙な心の機微を語ったり、うまく交渉してビジネスをしたり

するには、かなり無理があると言わざるをえません。

稚拙な日本語しか話せなければ、英語もそれ相当のレベルになるということです。すべて母国語に比例し、母国語が核になっているのです。

2 かゆいところに手が届くのが利点

■日本人のインプット、ネイティブのアウトプットが最適

私は、英語学習の初期段階においては、その対象年齢を問わず、日本人による英語の授業を勧めています。

もちろんこれまでお話ししてきたように、英語で英語を教えることが前提です。

英語を学ぶならネイティブというのは多くの方々の共通の意見であることは承知しています。かつては私も「英語は絶対ネイティブの先生じゃなきゃ!」と思っていました。

しかし先生がネイティブだと、英語でなんと言うか聞きたい時に、それをどう尋ねたらいいのかわからない——そういうジレンマを感じるようになりました。

日本人の先生であれば、その心配はいりません。かつて生徒たちと同じ道を歩んできた経験があるので、生徒が躓きやすい点や間違えやすい箇所が理解できるからです。

また日本人同士、同じ文化圏に育っていますから、生徒が言

いたいことをニュアンスで感じ取ることができるのも利点のひとつです。

ネイティブの先生から教わると、ともすると丸呑みで覚えるので、習った単語や表現の意味を深く考えず、誤解して覚えてしまうこともあります。

前述のように、私の小学生クラスでは、授業中に子どもたちが何かわからないことや聞きたいことがあると、日本語で質問してきます。TEEメソッドは英語を英語で教えるものですが、子どもたちには英語だけで話すようには強制していません。それにはまだ知識が足りないからです。

学んだことしか英語で言えないわけですから、語彙にも表現力にも限界があります。

したがって授業中の質問などは、私が英語、子どもたちは日本語で意思疎通を図る場合がとても多いのです。

どのような会話が繰り広げられているか、私がアルファベットの大文字と小文字の識別のために取り入れるゲーム「アルファベット・ビンゴ」を基にして、よくある会話のやり取りをご紹介したいと思います。

準備はいたって簡単です。シートに大文字と小文字のペアを1マスずつ書き込んでいくというもので、それぞれが好きなアルファベットを自由に選んで書き込んで、自分だけのオリジナルシートを完成させます。

子どもたちには「アルファベット・シート」をお手本にして書いてもらうため、各自にシートを配布しています。

小学生の多くはアルファベットの大文字はわかるのに、小文

字はなかなか覚えられないという傾向があることはすでにお話ししましたが、これは10歳以上の子どもたちに小文字を定着させることを目的としておこなっています。

［ビンゴシート］

☆ BINGO ☆

［アルファベット・シート］

Alphabet

Uppercase Letters〈大文字〉	Lowercase Letters〈小文字〉
A B C D E F G H I J K L M N O P Q R S T U V W X Y Z	a b c d e f g h i j k l m n o p q r s t u v w x y z

私　　　　：Today, we are going to play the bingo.

（今日はビンゴをします）

I'll hand out bingo sheets. Here you are. Here you are.

（ビンゴシートを配ります。はい、はい、どうぞ）

子どもたち：Thank you. Thank you.

（ありがとう。ありがとう）

私　　　　：And also Alphabet sheets. Get one each.

（そしてアルファベット・シートもね。ひとつずつ取ってね）

子どもたち：OK.

私　：Now, I'll explain the rules. Please listen carefully.

So you'll play the Alphabet bingo, right？

（では、ルールを説明します。注意して聴いてね。これからアルファベット・ビンゴをしますよ。いいですか？）

子どもたち：OK！〈うなずく〉

子どもA：アルファベット・ビンゴ？　ここにアルファベットを書くの？

私　：Yes, that's right！〈大きくうなずく〉

Look at this sheet.〈ビンゴシートを見せる〉

One, two, three, four, five, six, seven, eight, nine, so there are 9 spaces.

（そうよ！　そのとおり。このシートを見て。1、2、3、4、5、6、7、8、9、ほら9マスあるでしょう）

You can write letters of the Alphabet in these spaces randomly.

（そのマスにアルファベットを好きなように書いてね）

Please write the uppercase letter,

〈両手を広げて〉a big letter, and the lowercase letter,〈両手を小さく握って〉a small letter, together in a same space, something like this.

〈大文字と小文字のペアをいくつか同じマスに書いてみせる〉

（大文字と小文字はこんなふうに同じマスに一緒に書いてね）

子どもB：大文字と小文字を一緒に書くの？

子どもC：好きなように書いていいの？

私　：Yes! The uppercase letter,
　　〈両手を広げて〉a big letter, and the lowercase letter,
　　〈両手を小さく握って〉a small letter, together in a same space.
　　(そうよ。大文字と小文字は同じマスに一緒にね)
　　You can write down any letters at random. Understand? OK?
　　〈親指と人差し指で輪を作って、オーケーサインを見せながら、子どもたちに尋ねる〉
　　(どの文字をどこに書いてもいいの。わかった？　オーケー？)

子どもたち：OK!

　このように、ジェスチャーをしたり、実際に書いて見せたりするビジュアル・アプローチによって、英語だけで子どもたちとの会話を成立させることができるのです。
　ここで大切なことは、子どもたちの日本語による質問にシンプルな英語で答えること、そして子どもたちが理解できるジェスチャーを使うということです。
　一見すると簡単なようですが、子どもでも理解できる英語を話すにはコツがあるのです。それには、やはり日本人のほうが適しています。
　たとえば、私がある子どもに質問をし、その子がなかなか答えられない時などは、Five, four, three, two, one!とカウントしたあとで、(かつての)人気クイズ番組の名ゼリフをちょっ

と拝借してFinal answer！と言って、子どもたちに答えを促したものです。

　自信なさそうにボソボソと答えを言う子どもに対しては、確認をするためにもFinal answer？と尋ねます。すると、そう聞かれた誰もがFinal answer！と答えを返してくれるのです。

　稀に私たち日本人より日本文化に精通し、日本語も堪能な外国人もいますが、それはかなり特異なケースと言えます。その時々の流行りの文化に精通し、かつ子どもにもわかる英語表現は、日本人だからこそできるアプローチなのです。

　また社会人の方がよく口にするのは、「どこがわからないかが、わからない」という言葉です。これは初期段階の学習者の共通の意見です。

　反対に、どこがわからないか英語で説明できるのであれば、日本人の先生よりもネイティブの先生から学んだほうがより豊富な知識を習得することができるでしょう。

　以上のような理由から、私は日本人が知識をインプットし、ネイティブでアウトプットする学習スタイルが、私たち日本人にとって最適な英語習得方法だと確信しています。

第4章
話せないのは
"生活レベルの英語"を
知らないから

1 「のり」「修正液」って英語で何？

■私がイギリスで話せず、聴こえなかった理由

　ここで改めて、なぜイギリスで私の英語がまったく使いものにならなかったのかを考えてみたいと思います。

　その要因は２つあると私はにらんでいます。

---

① 英語には標準語があると疑わず、さらに私が学校で学んだ英語が標準語だと思い込んでいた。
② 生活レベルの英語表現をほとんど知らなかった。

---

　①に関していえば、この狭い日本国内でも多様な方言があるわけで、東京生まれの人間が青森や沖縄に行けば現地の、とくに年配の方が話していることを理解するのにひと苦労するはずです。まして、大西洋を隔てて東と西にあるイギリスとアメリカに英語の違いがあるのは当たり前のことだったわけです。

　私たちが学校で習っているのは、アメリカの英語、それもきれいに整理された英語です。バーチャルな英語と言ってもいいかもしれません。

　それがイギリスに行って、これまで触れたことのないリアルな英語に接するわけですから、戸惑うのは当然です。

　確認しておくべきことは、英語には標準語など存在しない、

ということです。遅ればせながら私はそのことをイギリスで知ったわけですが、この単純なことをきちんと学校で教えるべきだと私は思っています。

その土地、土地の英語があり、シンガポールに行けばシンガポールの英語が、インドに行けばインドの英語があるのです。

②の「生活レベルの英語」というのは、学校や英会話スクールでは習わないものと言っていいでしょう（いずれ変わるかもしれませんが）。それらは生活の言葉を教える場所ではないからです。

では、生活レベルの英語とはいったいどのような英語なのでしょうか。

私は一般の人を対象に、私たちがどれだけ生活レベルの英語を学んでこなかったのかを知っていただくためにある試みをしています。

それは実際に身の回りにあるものを英語で言ってもらうというものです。私はいつも文房具をたくさん詰め込んだ箱を用意していくことにしています。

箱から1つずつ取り出しながら、What's this ?（これは何ですか？）や What is this called ?（これは何と呼ばれていますか？）または Do you know the English name of ... ?（……の英語名がわかりますか？）と問いかけます。

「鉛筆」「ペン」「本」など中学校でもお馴染みのアイテムはスラスラと英語が出てくるのですが、「のり」「定規」「ホチキス」となると、答えの声が半分以下に減ってしまいます。

そして、「鉛筆削り」や「修正液」を取り出して、How about this ?（これはどうですか？）と聞くと、たいていの方

が首を傾げたまま黙り込んでしまいます。

　右のイラストにはさまざまな文房具が描かれています。右下から時計回りに、「マジックペン」「ボールペン」「はさみ」「修正液」「シャープペンシル」「蛍光ペン」「鉛筆」「栞」「計算機」「のり」「セロハンテープ」です。

　あなたはいくつ英語で言えますか。

　私がおこなったこれまでの講演や研修でも、これらの名前をすべて英語で答えられた方はほとんどいませんでした。学生たちも然り。いつも使っている身近なものがこんなにも英語で言えないものかと、皆さんびっくりします。

　私たちが日々使っている文房具ですが、簡単に答えられるものとそうでないものとにはっきりと2分されます。

　身近な英単語だけを例にとっても、私たちはこのように虫食いだらけの認識をしているということです。

　では、先ほどの質問の答えをお教えしましょう。

マジックペン　　　marker

ボールペン	ball-pointed pen
はさみ	scissors
修正液	white-out
シャープペンシル	mechanical pencil
蛍光ペン	highlight pen または highlighter
鉛筆	pencil
栞	bookmark
計算機	calculator
のり	glue
セロハンテープ	Sellotape（英）、Scotch tape（米）

いかがでしょう。

皆さんは何個英語で言えたでしょうか。

■身の回りの知らない英単語

ここで2002年から公立小学校で始まった「総合的な学習の時間」における「国際理解教育」の"英語活動"について考えてみたいと思います。

「英語に慣れ親しむ」というテーマを掲げ、全国で9割以上の小学校がなんらかの形で実施してきました。各自治体や学校がそれぞれに年間カリキュラムやプログラムを検討し、試行錯誤を重ねてこられたのです。

私はこれまで多くの小学校の英語活動を見てきましたが、たいてい1回ごとに完結する単発レッスンです。1授業で1つの単元しかやりません。

たとえば、数字を勉強するとすれば、45分間ずっと数字だ

けを学ぶというものが多く、いくつかの単元を盛り込んで、スパイラル方式で教える工夫をしている学校は、残念ながらひとつもありませんでした。

スパイラル方式というのは、45〜50分のレッスンに、2〜3の単元を盛り込み、それも1回で終わりにせずに、同じ単元を5〜6回繰り返すものです。そして少しずつ、別の単元にスライドしていく手法です。これだと理解度、習得率が格段に高くなります。

小学校5〜6年生こそ、子どもたちが豊かな英単語力を身につける格好の時期ではないかと私は思っています。中学校では教科書以外の単語など教えている余裕がないというのが実情です。

ならば、その前段階の小学校で工夫が必要ということになります。

現在の義務教育における英語学習の大きな問題点のひとつは、小学校と中学校の関連性が希薄だということです。小・中学校がタイアップすることで、子どもたちから引き出した英語への関心や興味を引き継ぎ、まま見られる中学生の英語嫌いを少なくすることができると思うのです。

たとえばその工夫のひとつが英単語をカテゴリー別に教えるということです。

先ほど例に挙げた文房具を取り上げてみたいと思います。これに児童・生徒が毎日教室で目にしているものも加え、Things in the classroom（教室にあるもの）というカテゴリーでまとめたものが次ページからの表となります。

第4章 話せないのは"生活レベルの英語"を知らないから **75**

〈Things in the classroom（教室にあるもの）〉

Level 1	pencil	鉛筆
学校や英会話スクール、塾などでよく教える単語。	pen	ペン
	book	本
	ruler	定規
	eraser	消しゴム
	marker	マジックペン
	crayon	クレヨン
	paper clip	クリップ
	pencil case	筆箱
	desk	机
	chair	椅子
	table	テーブル
	globe	地球儀
	map	地図
	black board	黒板
	poster	ポスター
	bookshelf	本棚
Level 2	pencil sharpener	鉛筆削り
学校や英会話スクール、塾などであまり教えない単語。	mechanical pencil	シャープペン
	triangle	三角定規
	colored pencil	色鉛筆

	utility knife	カッター
	highlight pen highlighter	蛍光ペン
	stapler	ホチキス
	calculator	計算機
	white-out	修正液
Level 3 a pair of scissors, a piece of chalk, a tube of glue など単独では用いられない単語。またはアメリカ英語とイギリス英語で表記が異なる単語。	scissors	ハサミ
	chalk	チョーク
	glue	のり
	Sellotape	(英語) テープ
	Scotch tape	(米語) テープ
	drawing pin	(英語) 画鋲
	thumbtack	(米語) 画鋲
	dustbin rubbish bin	(英語) ゴミ箱
	garbage can trash can	(米語) ゴミ箱

　これだけのアイテムがあるにもかかわらず、実際に小・中学校で学ぶのはLevel 1程度の単語です。講演会で参加者の方々が「鉛筆削り」や「修正液」などを答えられなかったのもうなずけます。

　ここで私が言いたいのは、これまでほとんどの人がLevel 1の単語の知識だけで終わってしまっているということです。

　実生活においては、Level 2、Level 3の知識ももちろん要

求されるわけですが、これは学校でも英会話スクールでも塾でも教えてくれないのでわからないのです。

私は「生活に密着した英語」を学び、アメリカ英語ばかりにとらわれることなくフレキシブルに対応できる英語力を身につければ、きっと英語が話せるようになると確信しています（私は米英で異なる単語などは、必ずどちらも教えるようにしています）。

2 「記憶力いいわね！」って英語でなんて言う？

■日本人の知らないふだんの生活の表現法

「生活に密着した英語」とは、英単語だけではありません。日常生活でよく使う慣用句やさまざまな表現もその範疇に入ります。さあ、私たちはそれらをどれだけ知っているでしょうか。

私がNPOを立ち上げてすぐのことでした。主宰する語学スクールで、大人のクラスの授業をしていた時です。生徒の1人が「記憶力がいいってなんて言えばいいですか？」と質問してきました。そのクラスは英語の基本的な知識を持っている人ばかりでしたので、発言する時はできるだけ英語でするよう事前に話してありました。

その人は同じクラスにとても記憶力のいい人がいたので、その記憶力に驚いた気持ちを英語で表現したかったのです。

「記憶力」という言葉につられて「力」という意味のpowerやforceを使うのかと考える人も多いようですが、You have a good memory. これでオーケーです。

「ああ、なぁんだ。それでいいの?」と拍子抜けするほど簡単です。使われている単語はすべて見慣れたものばかりです。

youもhaveもgoodもmemoryも、すべて中学で習う単語です。ただそれらのコンビネーションで「記憶力がいい」という意味になるのを知らないのです。

同じように、「あなたは口ばっかりね」は、You are all talk. といたってシンプルですし、日本人が好んで使う「○○さんによろしく言ってください」という表現は、Say hello to ○○ san. と言うのです。

学生たち相手の講義では、慣用句のひとつとして、Go easy on me.（お手柔らかに）を教えたところ、

これを覚えた学生たちは、早速、「今度、先生に指された時に使おう!」と言っていました。

こんなふうに、誰もが知っている単語の組み合わせで、かなりのことが言えるのです。

使われている単語は中学校レベルなのに、いざとなると思いつかない——悔しい限りです。

これはひとえに「使える英語」を学んでこなかった弊害です。状況に応じた表現こそが「生活に密着した英語」だと私はとらえています。

■実践で覚えるのが近道

授業中、私は記憶力がいい生徒にはYou have a good memory！と言って褒めます。

また、グループ対抗でゲームをする際には、人差し指と中指をクロスさせながらGood luck！（幸運を祈る）と声をかけて励まします。

そして生徒が正解ではなく、正解に近い答えを言った場合は、Almost！と言って残念そうな表情をします。

私はalmostに「惜しい」という意味があると教えたことは一度もありません。しかし、授業中に誰かが正解に近い答えを言ったりすると、Almost！という声が生徒たちから上がります。こういう状態を「英語を体得している」と言います。

生活に密着した生きた英語は教科書から学ぶのではなく、ある状況下で聴こえてきた言葉を、発話者の声の調子や表情、場の雰囲気などから察して、理解することで自然と身につくものです。つまり五感を使って言葉を理解するということです。

実際に英語で会話することが大切で、相手はネイティブでも、日本人でもかまいません。相手の表情や声の調子など、さまざまな情報を五感で得て、言葉を理解していくことが日本人にはとくに必要だと考えます。

3 まず自分を知ってもらうための英語を覚える

■自己紹介の英語

　長年英語を勉強している人でも、「私ってこういう性格なのよね〜」とか「私はこんなことをして過ごすのが好きです」などと、自分の性格や趣味などについて話そうと思っても、いざとなるとうまく言えないということが多いのではないでしょうか。

　自分自身のことを語るには、何気ない、身近な日常のことを英語で話す、そのための練習が必要になります。

　意外とわかっていないのが Be 動詞と一般動詞の使い分けです。どちらを使ったらいいのか、はっきりわからないまま、なんとなくうやむやにしている人が実はとても多いのです。

　私はこれまで Be 動詞と一般動詞の違いを説明する際には、日本語でこう言ってきました。

　　Be 動詞　→　ある物や人の状態を表す
　　一般動詞　→　ある物や人の動作を表す

　これは私が中学生の時に英語の先生から習った言葉をそのまま転用したものです。私はこの説明で納得がいったのですが、今の中学生には漠然としすぎてわかりにくいようです。

Be動詞と一般動詞の区別がつかないと、先が思いやられます。

きちんとその違いを理解してもらうにはどうしたらいいか、試行錯誤しているうちに、『中1英語をひとつひとつわかりやすく』（山田暢彦監修、学研）という本の中に「Be動詞とは、イコールでつなぐ働きをする動詞です」という言葉を見つけ、「これだ！」と胸が騒ぎました。

私はダリです。
I am Dali.

私は有名な画家です。
I am a famous artist.

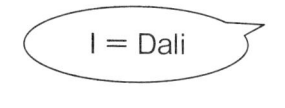

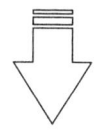

I = Dali

I = artist

Be動詞は、「イコール」でつなぐ働きをする動詞

これで、私＝○○という文章が作れます。

自己紹介には、Be動詞は不可欠です！　早速、英語で自己紹介することを考えてみましょう。

あなたはどんな性格ですか？
Q：What kind of person are you ?
　　What is your character like ?

A：I am ...

　初対面でこう聞かれることはまずないと思いますが、英語が上手な人でも、いざ自分の性格を聞かれると、「どんな性格って言われても……」と頭を抱えてしまいます。
　やはり、これも「性格」を表すような言葉をカテゴリーとして学んでこなかったことが原因ではないかと思います。
　では、「性格」を表す言葉にはどういうものがあるでしょうか。意外と知らない単語も多いのではないかと思います。

　次の性格を表す10個の日本語にふさわしい英単語をかっこの中に書き入れてみてください。
　いくつできるでしょうか（答えは以下の表中にあります）。

意地悪な　　（　　　）　怠惰な　　　（　　　　）
おしゃべりな（　　　）　せっかちな　（　　　　）
のんきな　　（　　　）　わがままな　（　　　　）
変な　　　　（　　　）　優柔不断な　（　　　　）
だらしない　（　　　）　気前がいい　（　　　　）

〈Personality〉

優しい	nice sympathetic
意地悪な	mean
真面目な	serious

怠惰な	lazy
楽しい	funny
つまらない	boring
おしゃべりな	talkative
おとなしい	quiet
我慢強い	patient
せっかちな	impatient hasty
勤勉な	hard-working
のんきな	easygoing
楽観的な	optimistic
悲観的な	pessimistic
親切な	kind
わがままな	selfish
賢い	smart intelligent
馬鹿な	stupid
勇敢な	brave
照れ屋な	shy
面白い	funny interesting
変な、おかしい	weird
正直な	honest
嘘つき	liar

優柔不断な	indecisive
頑固な	stubborn
きちんとした	neat
だらしない	sloppy
お金持ちの	rich
貧乏な	poor
貯蓄家、節約家	saver
浪費家	spender
気前がいい	generous
ケチな	stingy
丁寧な、礼儀正しい	polite
無礼な、失礼な	rude
人気がある	popular
気まぐれな	capricious moody
規則正しい	punctual
(時間に) ルーズな	not punctual
きれい好きな	cleanly [klénli]
可愛い	cute
醜い	ugly
綺麗な	pretty beautiful
ハンサムな	handsome
カッコいい	cool

ここで、表中の単語を使って例文も示しておきましょう。

例 I am rich and smart, but mean.
（私はお金持ちで賢い、でも意地悪だ）

■「趣味はなんですか」とは聞かない

　自分の性格について説明できたならば、次は自分の趣味について語るのはいかがでしょうか。といっても、昔のお見合いのように「ご趣味は？」などと聞くのはナンセンスです。

　よく「あなたの趣味はなんですか？」と言いたい時に、What is your hobby? What are your hobbies? と英語で言う人がいますが、これは正しい英語ではありません。そう尋ねられて、My hobby is ... や My hobbies are ... と今まで答えてきた人、それも間違いです。正しくは、以下のように言います。

　あなたの興味があることは何ですか？
　　Q: What are you interested in?
　　　〔あるいは〕
　　What are your main interests?
　A: I'm interested in painting (pictures) and playing the piano.
　　（私は絵を描くこととピアノを弾くことに興味があります）

暇な時はどのように過ごしますか？

 Q1 : How do you spend your free time?

  What do you do in your free time?

 A1 : I like to read.（私は読書が好きです）

  I enjoy reading.（私は読書を楽しみます）

 Q2 : How do you spend your spare time?

  What do you do in your spare time?

 A2 : I like to listen to music.

  （私は音楽を聴くのが好きです）

  I enjoy listening to music.

  （私は音楽を聴いて楽しみます）

「趣味は何ですか？」と質問したい時は、英語では「あなたの興味があることは何ですか？」や「暇な時（時間がある時）に何をしていますか？」と尋ねるほうが自然です。

それでは、興味があること、暇な時、時間がある時によくすることについての表現も確認してみましょう。

次の10個のうち、いくつ答えられるでしょうか（答えは以下の表中にあります）。

買い物をする　（　　　）	食べ歩きをする（　　　）
おしゃれをする（　　　）	合コンに行く　（　　　）
ゲームをする　（　　　）	散歩をする　　（　　　）
昼寝をする　　（　　　）	生け花をする　（　　　）
日光浴をする　（　　　）	柔道をする　　（　　　）

〈Hobbies〉

テレビを見る	watch TV
音楽を聴く	listen to music
買い物をする	go shopping
食べ歩きをする	eat out
旅行をする	travel
ドライブする	drive
写真を撮る	take pictures
〜を演奏する	play the ＋楽器名
カラオケで歌う	sing karaoke
おしゃれをする	dress up
映画を観に行く	go to the movies
DVDを観る	watch DVDs
演劇を観に行く	go to the theater
合コンに行く	go to the blind date party
テレビゲームをする	play video games
読書する	read
おしゃべりする	chat
釣りに行く	go fishing
料理をする	cook
お酒を飲む	drink
芸術鑑賞する	enjoy arts
絵を描く	draw ［paint］ pictures

散歩をする	take a walk
メールのやり取りをする	exchange emails
インターネットを見る	surf the internet
編み物をする	knit
縫い物をする	sew
宝くじを買う	buy a lottery ticket
昼寝をする	take a nap
〜を収集する	collect
瞑想する	meditate
ガーデニングをする	garden
生け花をする	arrange flowers
泳ぐ	swim
日光浴をする	sunbathe
サーフィンをする	surf
スキーをする	ski
スポーツをする	play + baseball / tennis / volleyball / basketball
武道をする	practice + kendo / judo / aikido / karate

これらは、実際にはこのようにして使うことができます。

I'm interested in _____ ing.

または、

I like to _____ .
I enjoy _____ing.

というように、下線部分に当てはまる動詞を入れれば、簡単に表現することができます。

また、雑誌の切り抜きや有名人などの写真を使って、その人がどのような性格で、どんな趣味を持っているのか想像して言ってみるというのもいい練習になると思います。

ぜひ、想像力を働かせて取り組んでみてください。

■体調や気分を表現する英単語

How are you? と尋ねられて、あなたならなんと答えるでしょう。教科書で習ったから、元気でなくても I'm fine. と答える?

A: How are you ?
B: I'm fine, thank you. And you ?
A: I'm fine.

中学校で習ったこのステレオタイプな英語のやり取り。私はずっとこの挨拶に疑問を感じてきました。

この How are you ? を日本語にすると「お元気ですか？」「ご機嫌いかがですか？」とかなりフォーマルな言い方です。ですから、ふだん使いの言い方ではありません。

まだそのニュアンスがよくわからなかった企業勤めの頃、出社する同僚の外国人たちを見かけると、Good morning！ How are you ? と挨拶をしていました。

　すると、彼らはいつもとても驚いた顔をしながら、Oh, thank you. と言ったものでした。

　How are you ? と声をかけて、なぜ「ありがとう」とお礼を言われるのか、その時はまったくわからなかったのですが、気をつけてネイティブ同士の挨拶を観察してみると、彼らの朝の挨拶に How are you ? は一度も出てきたことがありません。Morning. や Hi. や Hello. といった程度でした。

　How are you ? と改まって様子を聞くのは、相手が自分のことを気遣ってくれているという解釈になるようです。だから Thank you. という返事が返ってきたのです。

　体の具合が悪くなったり、怪我をしたりした時など、Is something wrong ?（何か問題でもあるのですか？）とか What's the matter ?（どうかしましたか？）と聞かれることもあるかもしれません。

　なんとかのひとつ覚えのように I'm fine. と答えるのではなく、自分の体調や気分に応じて英語で表現したいものです。

　have や get、feel を使って、体調や気分を表す英語表現をまとめてみました。

　次の10個の日本語に相当する英語をかっこの中に入れてください（答えは以下の表中にあります）。

腰痛がする　　（　　　　）　　筋肉痛です　　（　　　　）
肩凝りがする　（　　　　）　　鼻水が出る　　（　　　　）
熱がある　　　（　　　　）　　吐き気がする　（　　　　）
二日酔いです　（　　　　）　　すり傷ができる（　　　　）

打ち身ができる（　　　）　　かゆい　　　　　（　　　）

〈Sickness & feeling〉

頭痛	headache have a headache（頭痛がする）
腹痛	stomachache have a stomachache（腹痛がする）
腰痛	backache have a backache（腰痛がする）
歯痛	toothache have a toothache（歯が痛い）
生理痛	period pains have period pains（生理痛です）
筋肉痛	muscular pain have muscular pain（筋肉痛です）
肩凝り	stiff shoulders have stiff shoulders（肩が凝る）
捻挫／捻挫する	sprain、twist
風邪	cold have a cold（風邪をひく）
鼻水	runny nose have a runny nose（鼻水が出る）
熱	fever have a fever（熱がある）
咳	cough have a cough（咳が出る）

花粉症	hay fever suffer from hay fever（花粉症です）
吐き気がする	nauseous feel nauseous（吐き気がする）
めまいがする	dizzy feel dizzy（めまいがする）
二日酔い	hangover have a hangover（二日酔いです）
切り傷	cut get a cut（切り傷を受ける）
すり傷	scratch get a scratch（すり傷を受ける）
打ち身	bruise get a bruise（打ち身をつくる）
やけど	burn get a burn（やけどする）
日焼け	sunburn have a sunburn（日焼けする）
虫刺され	insect bite have an insect bite（虫に刺される）
かゆい	itchy feel itchy on …（……がかゆい）
だるい	feel sluggish
便秘	constipation be constipated（便秘している）
下痢	diarrhea have diarrhea（下痢をする）

消化不良	indigestion get indigestion（消化不良になる）
食中毒	food poisoning get food poisoning（食中毒になる）
乗り物酔い	motion sickness get motion sickness（乗り物酔いする）
車酔い	carsick get carsick（車酔いする）
船酔い	seasick get seasick　（船酔いする）
飛行機酔い	airsick get airsick　（飛行機酔いする）
顔色が悪い	look pale
疲れる	be tired
非常に疲れる	be exhausted

■人間関係の英単語

　私たちはどんな人間関係の中で生きているのかを考えてみると、家族、親戚、友人、知人……というかかわりが見えてきます。

家族　→　両親、兄弟、姉妹、夫、妻、子
親族　→　祖父、祖母、伯父／叔父、
　　　　　伯母／叔母、甥、姪、従兄弟、
　　　　　義父、義母、義兄、義弟、義姉、義妹
友達　→　親友、幼なじみ、恋人、同級生、

先輩、後輩、会社の友達
知り合い → 隣人、会社の同僚

　これらのかかわりは、英語ではなんと言うのでしょうか。身近な英語に欠かせないものです。

　次の10個の日本語にふさわしい英語を答えてください（答えは以下の表中、および文にあります）。

従兄弟	（　　　　）	孫	（　　　　）
姪	（　　　　）	甥	（　　　　）
義父	（　　　　）	恋人	（　　　　）
会社の友達	（　　　　）	会社の同僚	（　　　　）
兄	（　　　　）	弟	（　　　　）

〈家族／family〉

両親	parents
父	father
母	mother
兄弟	brother
姉妹	sister
夫	husband
妻	wife
子ども	child / children

　英語では、「兄」「弟」「姉」「妹」に当たる言葉がありません。

英語圏では、日本のように生まれた順番が重視されることがないからでしょう。

どうしても、「兄」「弟」「姉」「妹」と区別して言いたい時は、以下のように言うことができます。

兄→ older brother, elder brother
弟→ younger brother
姉→ older sister, elder sister
妹→ younger sister

〈親族／relatives〉

曾祖父母	great-grandparents
曾祖父	great-grandfather
曾祖母	great-grandmother
祖父母	grandparents
祖父	grandfather
祖母	grandmother
伯父／叔父	uncle
伯母／叔母	aunt
甥	nephew
姪	niece
従兄弟	cousin
孫	grandchild
曾孫	great-grandchild

義父	father in law
義母	mother in law
義兄弟	brother in law
義姉妹	sister in law

〈友達／friend〉

親友	best friend
幼なじみ	friend from childhood
恋人	boyfriend / girlfriend
同級生	classmate
会社の友達	friend from work
サークルの友達	friend from my club

〈知り合い／acquaintance〉

隣人	neighbor
会社の同僚	co-worker, fellow worker, man / woman from work

　私たち日本人は、よく「会社の先輩」とか「大学の時の後輩」などという言い方をしますが、英語圏では日本のように「先輩」「後輩」の関係を重視しないため、それらに当たる言い方がありません。あえて「先輩」「後輩」と言いたい場合は、以下のように言います。

会社の5年先輩：

a man / woman who has been with the company five years longer than I have.

2年上の高校の先輩：

a boy / girl from two years above me in high school

1学年下の中学校の後輩：

a boy / girl from the year under me in junior high school

4 身近な日本語を英語にする

■「頑張って」と「お疲れさま」を英語にすると……

ここまで、私たちは身近な英語を知らないと述べてきましたが、逆に身近な日本語をどう英語にするか苦手、というか無頓着のような気がします。

以前、仕事でお世話になっている方に手紙の英訳を頼まれました。英訳と言っても、たった数行のとてもシンプルな手紙です。

その手紙で悩んだのが、以下の2つの文章でした。

「身体に気をつけて、勉強にスポーツに頑張ってください」と「遠い日本から応援しています」という箇所です。

「気をつけて」や「頑張って」、そして「応援している」などふだん私たちが何気なく使っている言葉ほど、英語にするのは容易ではありません。

通常「頑張って」は work hard や do one's best などと訳されることが多いのですが、今回の手紙の「勉強にスポーツに頑張って」という文面では、ちょっとニュアンスが違ってしまいます。手紙の中の「頑張って」は「楽しんで」に近いニュアンスです。

どうしてそんな違いが生まれるのかというと、日本語の「頑張って」には下記のようないろいろな意味が含まれているからです（『ニューセンチュリー和英辞典』より）。

○元気を出して：Come on！Cheer up!
○固執しなさい：Stick to it!
○耐え抜け：Hold out!
○その調子：Keep at it!
○幸運を祈る：Good luck（to you/with your work）!

そもそも英米では、日本のように「頑張って」などと励ましを言うことは少なく、Take it easy.（気楽にやろう）とリラックスさせることのほうが普通です。

私は以下のような訳にしてみました。

Take care of your health, and enjoy studying and

playing sports.
（身体に気をつけて、勉強にスポーツに頑張ってください。）

I send you my best wishes from far away Japan.
（遠い日本から応援しています。）

「頑張って」と同じように、私たち日本人が好んで使う表現のひとつに「お疲れさま」があります。

以前、私が小・中・高校への外国語指導助手（ALT）を業務委託派遣する仕事に携わっていた時に、とても面白いエピソードがありました。

ある日、アメリカ人のALTが深刻な顔をして、私のところにやって来てこう言いました。

「授業が終わって学校から帰る時に、皆がYou must be tired.って言うんだよ。それが毎日続くんだ。そんなに疲れた顔しているのかなぁ～」

You must be tired.を直訳すると、「疲れているに違いない」という意味になります。そこで私はピンときました。その学校の先生方は「お疲れさまでした」という意味で、そのフレーズを使っているに違いないと踏んだのです。

実は英語には日本語の「お疲れさま」に当たる言葉はありません。英語圏では仕事が終われば、See you！やBye！など、日本人からすればシンプルすぎるくらいのことばを残して帰って行きます。ほかに何かひと言付け加える場合でも、I'm leaving.（帰るよ）とかI'm going to go.（行かなきゃ）くらいのものです。それに対して、これもまたシンプルにSee you！やBye！と答えるのが普通です。

　私たち日本人の感覚からすれば、仕事が終わって「じゃあ、またね」だけでは、あまりにも素っ気ない感じです。「ねぎらい」の感じが抜けているからです。日本語の「お疲れさま」に当たる言葉を言いたい——私もそうですから、よくわかります。

　しかし、英語圏には相手の労苦をねぎらって「仕事で疲れて大変でしたね」と声をかける習慣そのものが存在しないのですから、どこをどう探してもそれに対応する言葉は出てきません。

　そこで苦肉の策として、ALTには「お疲れさまでした」と日本語で挨拶をして学校から帰るようアドバイスしました。

　これは意外に好評で、日本人の先生方の気持ちもやっと落ち着き先を見つけたらしいのです。

　というのも、これを境に先生方もALTに日本語で「お疲れさまでした」と言い始めたからです。

　You must be tired！にうなされていたALTからすれば、やっと意味不明な英語から解放され、ほっとしたというところでしょう。

■「いただきます」「ごちそうさま」を英語で

　日本人なら頻繁に使うのが「いただきます」と「ごちそうさま」。できれば英語で言いたい、と思うのは人情ですが、残念ながらこれらに当たる英語も存在しません。

　私はイギリスでボランティアを始める前の1ヵ月間をロンドン郊外でホームステイをして過ごしました。アメリカのような温かいホストファミリーを想像していた私には、そのイギリスのホストファミリーは非常にビジネスライクに見えました。

それもそのはずです。あとから知ったのですが、イギリスではホームステイで空き部屋を間貸しするのは、ボランティア精神やホスピタリティーからではなく、生活の副収入を得るためなのです。つまりホームステイは半ばビジネスなのです。

　私がホームステイしたお宅には、別の日本人の先客がいました。多い時には一度に3人も受け入れることがあるとのことでした。

　そんなビジネスライクなホストファミリーでも、一緒に食事をする機会が何度かありました。

　しかし「いただきます」「ごちそうさま」というような言葉はいっさいなく、おのおのが勝手に食べ始め、食べ終えると何も言わずに食器を片づけに行くだけです。

　当初は、なんと不作法な、と思いましたが、ここでやっと「いただきます」や「ごちそうさま」に当たる英語がないことに気づきました。

　しかし、日本人とすれば、何か言わないと気持ちが落ち着きません。英会話本を読むと、It looks delicious !（美味しそうだね！）や It smells good !（いい匂いだね！）というような言葉を「いただきます」の代わりに挙げているものがありますが、ニュアンスが違うので、やはり落ち着きません。

　日本語の「いただきます」と同じように食事の前にする挨拶は、たとえばフランス語の Bon appétit !［ボナペティ！］や、イタリア語の Buon appetito !［ボナペティート！］などがあります。どちらも「たっぷり召し上がれ！」というような意味ですが、日本語の「いただきます」は作ってくれた人に対する感謝や食材への敬意が込められています。

同じように食事の前に言う言葉でも、意味はまったく違います。「いただきます」に込められた思いは、日本固有の文化と言えます。

　それは「ごちそうさま」も然り。漢字では「御馳走様(ごちそうさま)」と書き、「馳走」とは「走り回る」、または「奔走する」ことを意味します。真言宗において、大事な来客をもてなすために遠方まで奔走して食材を調達する——そのことを来客が感謝する言葉として用いたのが、一般に広がったそうです。

　つまりは、食事を作ってくれた人へ感謝の言葉を英語で言えれば、「ごちそうさま」と言った感じになるということです。

　たとえば、Thank you for the meal.（この食事をありがとう）、I have enjoyed this dinner.（この夕食を楽しみました）、Everything was delicious.（すべてがおいしかった）というように、相手への素直な感想や感謝の思いを英語にすれば、それが「ごちそうさま」の代役になります。

　これで少しはあなたの"日本人ごころ"は落ち着くでしょうか。

■「よろしく」ってなんと言う？

　日本人が最も頻繁に使うフレーズである、「よろしくお願いします」についても触れたいと思います。

　これも「頑張って」と同様に、場面に応じていろいろな解釈のできる言葉です。英語にするにも、意味に応じて表現を変える必要があります。

　初対面の相手に「初めまして。どうぞよろしくお願いします」の意味では、Nice to meet you. でいいかもしれませんが、

ケースとして多いのは、相手に便宜を図ってもらうなど、好意を期待する場合でしょう。

たとえば、「この件はよろしくお願いします」や「うちの息子をよろしくお願いします」「まだ何もわかりませんので、よろしくお願いします」などがそれです。

「この件はよろしくお願いします」を英語にするとすれば、以下のような言い方が適当かもしれません。

1 I would like you to handle this matter.
2 Could you please take care of this matter as best you can?

1を直訳すると「私はあなたにその件をうまく処理してほしい」です。

ここでは「よろしくお願いします」に handle を用いて「(上手く)扱う、処理する」と転換したことがわかると思います。それに対して2は、take care of ～「～の面倒をみる、～の世話をする」と as best you can「できるだけ、精いっぱい」を用いて「できるだけこの件の面倒をみていただけませんか?」と表現しているわけです。

「うちの息子をよろしくお願いします」は、2と同じように解釈することができます。

ここでの「よろしくお願いします」は、やはり「面倒をみていただきたい」ですから、look after や take care of を用いて、以下のような英文で表すことができます。

1　Could you look after my son?
2　Please take care of my son.

では、応用問題です。「まだ何もわかりませんので、よろしくお願いします」はどうでしょうか。

ここでの「よろしくお願いします」は、「私の面倒をみてください」という意味もあるでしょうが、「私に優しくしてください」や「私に親切にしてください」というニュアンスが含まれているように思います。

そこで問題。As I'm still unfamiliar with this job（まだ何もわかりませんので）を前に振って、以下の3つからふさわしいものを選んでください。

1　..., could you take care of me?
2　..., please be nice to me.
3　..., please be kind to me.

しかし、1～3はどれもとても不自然な英語です。

もちろん日本語でもあからさまに「私の面倒をみてください」とか「私に優しくしてね」などと言うことは滅多にありません。

しかし、日本語の「よろしくお願いします」には、そのような意味も含まれているわけです。それを表に出さずに、ぼんやりと表現するのが、私たちの文化と言えば文化なのです。

ということで、先の1～3はどれも誤答ということになりま

す。
　あえて言えば、次のようになるでしょうか。

　As I'm still unfamiliar with this job, I hope everything will go well.
（まだ何もわかりませんが、すべてうまくいくことを願っています）

　As I'm still unfamiliar with this job, I'll leave the rest up to you.
（まだ何もわかりませんので、あとはお任せします）

　日本語独特の言い方を、すべて英語にしようとすると、かえって無理が出てきます。一生懸命、英訳しても、日本語で表現している時の真意までは通じないのですから、諦め、あるいは妥協が必要です。
　何年か日本に暮らしている外国人が、「頑張って」「お疲れさま」「よろしくお願いします」を日本語のまま使っているのをみれば、多分こんなところにその答えがあるのがわかります。

■身近な英語を知らないための間違い表現
　私は英語とフランス語の語学コンサルタントをしていますが、職業柄、さまざまな場所での英語やフランス語の表示がとても気になります。交通標識からお店の看板、そしてレストランのメニューに至るまで、英語やフランス語を目にする機会は意外と多いものです。

しかし残念なことに、表記の間違いが実に多いのです。

それは、身近で実際的な英語の知識がないということと、日本人的発想をそのまま英語にして通じると無自覚に思っているのが原因です。

以前、ある外資系のホテルで食事をするのに、そのホテルの立体駐車場に車を停めようと順番を待っていた時のことです。インターホンの横に貼られている英語表示がふと目にとまりました。

そこにはこう書かれていました。

In absence of staff,
please hang up this interphone.　　　　　　　　Front staff

これを見て、私は思わず溜め息をついてしまいました。外国人には皆目見当もつかない奇妙な文章になっています。

たとえ地方にあるとはいえ、いちおう外資系のホテルです。ホテル内の英語による掲示物をチェックする人はいないのでしょうか。

さて、どんな間違いが潜んでいるのでしょうか。

この英文を直訳すると「スタッフが不在中はこのインターホンを切ってください。フロントスタッフより」となるのですが、実はこの下に添えられた日本文には、「スタッフが不在の際にはこのインターホンを鳴らしてください」と書かれていました。「インターホンを切る」と「インターホンを鳴らす」では、意味が逆です。どうしてこういう間違いが起きたのでしょうか。

hang up には「電話を切る」という意味とは別に「〜をか（掛）ける」という意味があります。たとえば、

Please hang up your overcoat here.
（コートをここに掛けてください）

というように使います。

日本語では「電話をかける」も「掛ける」ですから、辞書で調べて同じ意味だからと使ったのかもしれません。

しかし、「電話をかける」は call です。一方、「インターホンを鳴らす」は ring を使います。

ほかにも、いくつか気になったことがあります。

まず interphone［インターホン］という言葉は今や日本語になっていますが、intercom［インターコム］という言葉も使います。

また in the absence of 〜は「〜のない場合に」という意味ですので、この場合は when 〜 is/are away「〜がいない時」と言ったほうが自然な感じがします。

こういう"自然な感じ"がわかるには、たくさん英語に触れるしか方法はありません。

実は、ありえない間違いがもうひとつ隠れているのですが、気づいたでしょうか。

それは Front staff という言葉です。一見正しい英語に思えますが、日本語の「フロント・スタッフ」をそのまま英語にしたもので、これは完全な和製英語です。

正しくは receptionist［レセプショニスト］または front

desk clerk［フロント・デスク・クラーク］と言います。

　ホテルなどのフロントのことを英語で the front desk［ザ・フロント・デスク］、または the front reception［ザ・フロント・レセプション］と言いますが、それを略して「フロント」と呼び始めたことから、「フロント・スタッフ」という言葉ができたのかもしれません。

　もし私が先ほどの英文を訂正するとしたら、こんな文章になるでしょう。

> When the staff is away, please ring this intercom and talk to the receptionist.
> スタッフが不在の際は、このインターホンを鳴らし、
> フロントにご連絡ください。

　たった2行程度の英文ですが、日本語から英語に機械的に訳して通じるわけではありません。英語的な発想も必要ですし、自分の英語は怪しいと自己点検する姿勢も必要です。
　それを養うには、英語を英語で学ぶこと、そして生活に密着した英語を身につけることが第一です。

■カタカナ英語に要注意

　私たちの周りにはカタカナ英語が溢れています。そのなかには日本製の和製英語がたくさんあります。それらは英語らしく見えますが、もちろん英語としては通用しません。
　身近な英語を知らないのと逆で、身近な"英語もどき"を私

たちはたくさん知っています。ついそれを正調英語と勘違いして使うと、相手に通じない、ということになります。

　山のようにあるカタカナ英語から、日常生活に密着したものを取り上げてみました。

　次のカタカナ英語の選択肢から、英語として正しいものを7つ選び出し、その英単語も記入してください。また、残ったカタカナ英語にはそれぞれ正しい英単語を考えてみましょう。

〈選択肢／Choice〉

アンケート	リーフレット	コインランドリー	モーニングサービス
コンセント	デオドラント	モーニングコール	アフターサービス
マンション	スキンシップ	コピーマシーン	ドクターストップ
シェーバー	サンドバッグ	シルバーシート	ビジネスホテル
ミキサー	ストーブ	ブリーチ	チェックアウト

カタカナ英語	英語	カタカナ英語	英語

〈解答〉

カタカナ英語	英語	カタカナ英語	英語
シェーバー	shaver	コピーマシーン	copy machine
リーフレット	leaflet	ブリーチ	bleach
デオドラント	deodorant	チェックアウト	check out
ストーブ	stove		

〈残りの言葉〉

アンケート = questionnaire

コインランドリー = laundromat, coin-operated laundry

モーニングサービス = breakfast special

コンセント = outlet

モーニングコール = wake-up call

アフターサービス = after-sales service, customer service

マンション = condominium

スキンシップ = physical contact

ドクターストップ = doctor's order

サンドバッグ = 〈米〉punching bag,〈英〉punch ball

シルバーシート = priority seat, seat reserved for a senior

ビジネスホテル = non-frills hotel ※ frill は飾りで、そういうものがない「実質本位のホテル」という意味。

ミキサー = blender

ところで、和製英語はさすがに通じませんが、英語をカタカナ読みした場合、平均48％は理解されるという実験結果があります。

これは、中学生に彼らの知らない英単語130個をカタカナにしたものを読んでもらい、それをネイティブに書き取ってもらうという実験です（『英語教育熱』金谷憲著〔研究社〕のデータより）。

つまり和製英語は通じませんが、和製発音英語はまあまあ通じるということです。

■ことわざはすぐに使えて、かっこいい

逆に、種々の面で利用しやすいものに"ことわざ"があります。ことわざとは「昔から言い伝えてきた、訓戒、風刺などを内容とする短い句」で、使える、身近な言葉がたくさんあります。

ふだんでも便利で、言い得て妙なので、私もつい使ってしまいます。

それがもし英語でも言えたら、それに越したことはありません。幸いにと言うか、ことわざが言わんとするところは、意外にも古今東西で共通のものがあります。

これから紹介する英語のことわざは、すべて日本語のそれに置き換えられるものばかりです。また外国のことわざが和訳されてそのまま日本に定着したものもたくさん含まれていますから、知っていると日本語と同じような感覚で使えて便利です。外国の文化や思想などを理解するうえでも役立つはずです。

次の英語のことわざに対応する日本語のことわざをかっこの中に書き入れてください。

〈問題〉

1. After a storm comes a calm. (　　　　　)
2. Tomorrow is another day. (　　　　　)
3. Walls have ears. (　　　　　)
4. Out of the mouth comes evil. (　　　　　)
5. Time flies like an arrow. (　　　　　)
6. Like father, like son. (　　　　　)
7. A drowning man will catch at a straw.
   (　　　　　)
8. Kill two birds with one stone. (　　　　　)
9. No news is good news. (　　　　　)
10. Necessity is the mother of invention.
    (　　　　　)
11. It's no use crying over spilt milk.
    (　　　　　)
12. When the cat's away, the mice will play.
    (　　　　　)
13. The early bird catches the worm.
    (　　　　　)
14. A diamond in a dunghill is still a diamond.
    (　　　　　)
15. The grass is greener on the other side of the hill.
    (　　　　　)

〈答え〉

1　雨降って地固まる
2　明日は明日の風が吹く
3　壁に耳あり、障子に目あり
4　口は災いの元
5　光陰矢のごとし
6　蛙(かえる)の子は蛙
7　溺(おぼ)れる者は藁(わら)をもつかむ
8　一石二鳥
9　便りがないのは、良い便り
10　必要は発明の母
11　覆水盆に返らず
12　鬼のいぬ間に洗濯
13　早起きは三文の得
14　腐っても鯛
15　となりの芝生は青い

どうですか、こんなことをさらりと言えたらかっこいいと思いませんか。

ともあれ、身近な日本語を身近な英語に置き換えるというのは、大事な、欠かせない作業です。

第5章
フォニックス効果で
お母さんの発音もバッチリ！

1 なぜ cat はキャットなの？

■フォニックスって何？

英語を英語で教える TEE メソッドの実践で毎回必ず取り入れていただきたいのが、Phonics［フォニックス］という文字と音の関係を表した発音法です。

私はアルファベット 26 文字をこのように教えています。

a	b	c	d	e	f	g
[æ]	[b]	[k]	[d]	[e]	[f]	[g]
ェア	ブ	ク	ドゥ	エ	フ	グ
h	i	j	k	l	m	n
[h]	[i]	[dz]	[k]	[l]	[m]	[n]
ハ	イ	ジュ	ク	ル	ム	ンヌ
o	p	q	r	s	t	u
[ɑ]	[p]	[kw]	[r]	[s]	[t]	[ʌ]
オ	プ	クヮ	ゥル	ス	トゥ	ア
v	w	x	y	z		
[v]	[w]	[ks]	[j]	[z]		
ヴ	ゥオ	クス	イヤ	ズ		

通常アルファベットは、a［エイ］、b［ビイ］、c［スィ］、d［ディ］と読みますが、フォニックスで読むと、a［æ：エア］、b［b：ブ］、c［k：ク］、d［d：ドゥ］となります。

このルールに従うと、たとえばcatは、c［k：ク］＋ a［æ：エア］＋ t［t：トゥ］で、［クェアトゥ］→［cæt：キャット］と読めるようになります。

aをアルファベットの「エイ」とだけ読んでいると、catを「キャット」とは読めません。

同じように、penは、p［p：プ］＋ e［e：エ］＋ n［n：ンヌ］で「プエンヌ」→「pen：ペン」と読むことができます。

英語では綴りと発音が違うために、話せても文字が書けない人がいます。そういう人にとってもフォニックスはとても有効です。

このように初めて見た単語でも、ある程度読めるようになるのがフォニックスを導入する利点です。もちろん例外もたくさんありますが、このやり方で実に全体の75％もの単語を読むことができると言われています。

こんなに便利なのに残念ながら、大学の音声学でもない限り、あまり教えられていないのが現状です。

しかも、フォニックスを取り入れている教員やALTでさえ、アルファベットをフォニックスで読むだけで終わりにしてしまっていることが多いように思います。

まずアルファベットをフォニックスで読む練習をし、すべて読めるようになってから、今度はフォニックスで単語を読む練習をするのが正攻法です。

英語を始める理想的な年齢として、私は10歳を挙げていま

すが、その年齢ではアルファベットをフォニックスで読むのが精いっぱいです。英単語は 11 歳ぐらいで 3 文字のものをフォニックスで読むことをお勧めします。

そして 12 歳ぐらいになれば、いくつかの組み合わせ文字の発音法を身につけることができるようになります。

フォニックスを体得するにも、やはり年齢に応じたプロセスをきちんと踏まえる必要があります。

■フォニックス導入法

私のクラスではアルファベットを発音する際に、最初に通常のアルファベットの発音、次に一字一字をフォニックスで発音するというスタイルで定着を図っています。

その際には Aa Bb Cc Dd Ee というように、1 枚のカードにアルファベットの大文字と小文字が一緒になっているカードを見せながら、A から Z までを一気に読み進めます。

まずお手本を示してから、同じようにリピートさせるとよいでしょう。

実際にどのように発音しているのか、次ページの表にまとめてみました。太字の部分がフォニックスの発音です。音だけを拾ってみると、表のようになります。

本書では具体的な発音の仕方（口や舌の働きなど）に触れていませんが、たくさんの関連書籍がありますので、それらを参考にしてください。

a	b	c	d
エイ・エア	ビィ・ブ	スィ・ク	ディ・ドゥ
e	f	g	h
イー・エ	エフ・フ	ジー・グ	エイチ・ハ
i	j	k	l
アイ・イ	ジェイ・ジュ	ケイ・ク	エル・ル
m	n	o	p
エム・ム	エヌ・ンヌ	オー・オ	ピー・プ
q	r	s	t
キュー・クヮ	アール・ウル	エス・ス	ティー・トゥ
u	v	w	x
ユー・ア	ヴィ・ヴ	ダブリュー・ウオ	エックス・クス
y	z		
ワイ・イヤ	ズィ・ズ		

　フォニックスを導入するうえでいちばん大切なことは、文字と音の規則性を知り、綴りと発音をリンクさせて理解することです。

そこで初めて、単語が読めて書けるようになるのです。

■映画のワンシーンを材料に

綴りと発音をリンクさせると言っても、なかなかイメージしにくいというのが本音かもしれません。

その関連性をとてもわかりやすく説明している映画のワンシーンがあります。

その映画のタイトルは『Driving Miss Daisy』(上映邦題『ドランビング Miss デイジー』)です。この作品は1989年に作品賞ほか、アカデミー賞4部門を受賞しました。

舞台は1948年、アメリカ南部、ジョージア州の田舎町です。老いても威厳を失わない元小学校教師の未亡人デイジーは、運転中に大事故を引き起こしそうになります。母を心配した息子は黒人の運転手ホークを雇います。デイジーとホークは主従関係にありながらも、宗教や人種の違いを超えて深い絆で結ばれていく25年間を描いている心温まるストーリーです。

さて、フォニックスが紹介されているシーンは、デイジーがホークを伴って、亡き夫のお墓参りをするところで登場します。デイジーは友人のバウアー夫人に頼まれてそちらのお墓にも花を供えることになっていました。

彼女はホークに「この花をバウアーさんのお墓に供えてきてちょうだい。墓石にバウアーと書いてあるから」と言うのですが、実はホークは文字が読めません。

仕方なく字が読めないことを告白するホークに、元小学校教師のデイジーは即興でフォニックスを伝授するのです。

まずは、そのシーンの2人のセリフを英語でご紹介しましょ

う（外国映画英語シナリオ　スクリーン・プレイ・シリーズ『ドライビング・ミス・デイジー』、スクリーンプレイ出版より引用）。

Daisy: You know your letters, don't you ?
Hoke: Oh, yassam ! Yassam. I know my ABC's pretty good. I just can't read.
Daisy: Stop saying that ! You're making me mad ! If you know your letters, then you can read. You just don't know you can read.

Daisy: The name is Bauer.
Hoke: Yassam.
Daisy: Buh, Buh, Buh, Buh, Bauer. What does that "Buh" letter sound like ?
Hoke: "B ?"
Daisy: Of course ! ... Er, er, er, er, er. That's the last part, "Bauer !". What letter sounds like "ER ?"
Hoke: Umm ... "R".
Daisy: So, the first letter is a ... ?
Hoke: "B !"
Daisy: And the last letter is a ... ?
Hoke: "R !"
Daisy: "B-R","B-R"."B-er","B-er", it even sounds like Bauer, doesn't it ?

〈日本語訳〉

デイジー：アルファベットはわかるでしょ？

ホーク　：ええ、ABC はよくわかっていますが、読めないんです。

デイジー：そんな馬鹿な話はやめなさい。アルファベットがわかるなら読めるはずよ。読めるってことを知らないだけよ。

デイジー：名前は"バウアー"よ。

ホーク　：はい。

デイジー：バ、バ、バ……バウアー。「バ」の文字はどんな音？

ホーク　：ビィ（B）ですか？

デイジー：そうよ！　アー、アー、アー、バウアーの最後の音よ。「アー」の音はどの文字？

ホーク　：アール（R）。

デイジー：じゃあ、最初の文字は……？

ホーク　：ビィ（B）！

デイジー：最後の文字は……？

ホーク　：アール（R）！

デイジー：バアー、バアー、バウアー、バウアー。
　　　　　ほら、バウアーって聞こえるでしょ？

　映画では、デイジーがBを［b：ブ］（実際には破裂音なので、「バ」と聴こえます）、Rを［r：ゥル］（このシーンではEとRが一緒になって、「アー」と聴こえます）と発音してみせていましたが、これがフォニックスです（発音をカタカナ表記する

難しさを感じます。ぜひこの場面を映画で確かめてください）。

　ホークはアルファベットを知っていても、文字と音の関連性が見出せず文字が読めなかったわけです。

　ところがデイジーの即興レクチャーを受け、その規則性を理解したホークは、「最初がB、最後がR……」と繰り返しながら墓石に刻まれた名前を確認していき、無事にバウアー氏の墓を探し出し、花を供えることができました。

　その時のホークの表情はなんとも言えず嬉しそうです。その彼の表情は私が教えている子どもたちの笑顔と重なりました。フォニックスで文字が読めた時、彼らは口々に「わぁ〜、すごい！　読めた！」と驚き、その笑顔は眩しいほど輝いています。

■テストの成績が悪い＝単語が覚えられない

　中学生でテストの点数が取れないのは、単語が覚えられないのが原因の１つであるように私は思います。

　単語の綴りと発音に何の関係も見出せず、単語の綴りをすべて暗記しなくてはならないわけですから、効率が悪いうえにとても理不尽な思いになるのはよくわかります。そしてしだいに英語が嫌いになってしまうのです。

　しかし、フォニックスを学べば、そこに一定の規則性を発見し、単語が読めるようになり、しだいに単語が綴れるようになるのです。

　中学校に入ってから単語や文章の読み書きがスムーズにできるようになるには、小学生のうちからフォニックスに慣れ親しみ、そのルールを体得しておく必要があります。

2 フォニックス進化法

■まずは3文字英単語で実践

小学生は、まずアルファベット1字1字の発音法をマスターすることが基本です。そのうえで手始めに「3文字英単語」をフォニックスで読む練習をします。

「3文字英単語」とは、big, cap, fan, jet, hot, run, win など、子音と子音の間に母音が入る3文字で構成された単語のことです。

参考までに私が実際にレッスンで取り入れている「3文字英単語」を以下にご紹介しましょう。

〈3文字英単語〉

bad	ブュアドゥ→バッド	悪い
bat	ブュアトゥ→バット	(野球の)バット、コウモリ
bed	ブエドゥ→ベッド	ベット、寝台
big	ブイグ→ビッグ	大きい
bin	ブインヌ→ビン	蓋つきの箱、容器
bug	ブアグ→バグ	昆虫、虫
can	クェアンヌ→キャン	缶

cap	クュアプ→キャップ	（縁なしの）帽子、キャップ
cat	クュアトゥ→キャット	猫
cod	クオドゥ→コッド	鱈
dad	ドゥェアドゥ→ダッド	パパ、とうちゃん
dot	ドゥオトゥ→ドット	点
dig	ドゥイグ→ディグ	掘る
fan	フェアンヌ→ファン	扇風機、熱狂的な支持者
fat	フェアトゥ→ファット	太っている
fin	フインヌ→フィン	ひれ
fun	フアンヌ→ファン	楽しみ
gun	グアンヌ→ガン	銃、ピストル
hen	ハエンヌ→ヘン	雌鶏
hat	ハェアトゥ→ハット	帽子
hop	ハオプ→ホップ	ひょいと跳ぶ
hot	ハオトゥ→ホット	熱い、暑い
hug	ハアグ→ハグ	抱きしめる
jet	ジュエトゥ→ジェット	噴出、ジェット機
kit	クイトゥ→キット	道具一式
nap	ンヌェアプ→ナップ	うたた寝、昼寝
mad	ムェアドゥ→マッド	狂った、いかれた
man	ムェアンヌ→マン	男、男の人
map	ムェアプ→マップ	地図
mat	ムェアトゥ→マット	マット、下敷き

men	ムエンヌ→メン	男たち、男の人たち
mop	ムオプ→モップ	モップ
mug	ムアグ→マグ	マグ（取っ手付きジョッキ）
pan	プェアンヌ→パン	鍋
pen	プエンヌ→ペン	ペン
pet	プエトゥ→ペット	ペット
pig	プイグ→ピッグ	豚
pin	プインヌ→ピン	ピン、ブローチ
pop	プオプ→ポップ	ぽんとはじける
pot	プオトゥ→ポット	鉢、瓶
red	ゥルエドゥ→レッド	赤、赤い
rob	ゥルオブ→ロブ	強奪する
rug	ゥルアグ→ラグ	じゅうたん、敷き物
run	ゥルアンヌ→ラン	走る
sad	スェアドゥ→サッド	悲しい
sun	スアンヌ→サン	太陽
tap	トゥエアプ→タップ	軽く叩く
ten	トゥエンヌ→テン	10
tin	トゥインヌ→ティン	ブリキ、缶詰の缶
Tim	トゥイム→ティム	ティム（男性の名前）
tub	トゥアブ→タブ	おけ、たらい
top	トゥオプ→トップ	てっぺん、頂上
vet	ヴエトゥ→ヴェット	獣医

wet	ゥオエトゥ→ウェット	濡れた、湿った
wig	ゥオイグ→ウィグ	かつら
win	ゥオインヌ→ウィン	勝つ

　お子さんに教える際には、まず一字一字をフォニックスで読んでお手本を見せ、後からリピートさせます。そして次に、3文字をまとめてフォニックスで読んでみせるのです。

　たとえば、以下のようなやり取りで子どもたちの理解を深めていきます。

　badを例に挙げてみましょう。

私　　　：b「ビィ・ブ」

子どもたち：b「ビィ・ブ」

私　　　：a「エイ・ェア」

子どもたち：a「エイ・ェア」

私　　　：d「ディ・ドゥ」

子どもたち：d「ディ・ドゥ」

私　　　：b「ブ」a「ェア」d「ドゥ」, bad［バッド］

子どもたち：bad［バッド］！

私　　　：What does it mean in Japanese？
　　　　　（日本語ではどういう意味？）

子どもたち：悪い！

私　　　：That's right！ Good job！
　　　　　（そのとおり。よくできたね！）

　必ず日本語の意味も確認します。せっかく文字が読めるよう

になっても、意味がわからないのでは仕方がありません。

3文字英単語が読めるようになると、単語の綴りと発音の関連性がわかってきます。どんどん読めるようになると、面白くなり、自信もついてきます。

■特殊な読み方をする組み合わせ

さて、「3文字英単語」が読めるようになったら、今度は特殊な読み方をする文字の組み合わせを学びましょう。

子音2字1音で新しい音を作る組み合わせを digraph［ダイアグラフ］と言います。th［ス］［ズ］や ch［チ］、sh［シュ］などがその代表的なものです。

〈Digraph［ダイアグラフ］〉

th	ch	sh	gh	ph
ス, ズ	チ	シュ	フ	フ
wh	ck	ng		
ウッ	ク	ング		

ダイアグラフを教える際も、th ch sh と書いたカードを用意し、読んでみせて、リピートさせます。音を覚えたところで、単語で確認するのがよいでしょう。

以下に、ダイアグラフと発音、そして単語とその意味を表にしました。

ダイアグラフ [発音]	単語	意味
th [ス]	thank サンク think スィンク thrill スリル theater スィーアター math マス bath バス birth バース teeth ティース	感謝する 考える ぞくぞくさせる 劇場 数学 入浴 生まれる 歯
th [ズ]	this ジス that ザットゥ these ジィーズ those ゾウズ they ゼイ breathe ブリーズ although オールゾウ together トゥギャザー	これ あれ これら あれら 彼ら 息をする 〜だけれども 一緒に
ch [チ]	church チャーチ chair チェアー chance チャンス champion チャンピオン cheese チィーズ	教会 いす チャンス チャンピオン チーズ

	punch パンチ	パンチ
	teach ティーチ	教える
	French フレンチ	フランス語
sh [シュ]	shave シェイヴ	ひげそり
	shine シャイン	輝く
	short ショートゥ	短い
	shrimp シュリンプ	小エビ
	shovel シャヴェル	シャベル
	fish フィッシュ	魚
	dish ディッシュ	皿
	brush ブラシュ	ブラシ、刷毛
gh [フ]	rough ラフ	ざらざらした
	laugh ラフ	笑う
	cough コフ	咳をする
	enough イナフ	充分な
	tough タフ	タフな
ph [フ]	phone フォウン	電話
	photograph フォウトグラフ	写真
	pharmacy ファーマシィ	薬局
	philosophy フィロソフィ	哲学
	elephant エレファントゥ	象
	nephew ネフュー	甥
ph [フ]	trophy トロゥフィ	トロフィー
	sphinx スフィンクス	スフィンクス

wh ［ウッ］	when ウッエン	いつ
	wheat ウッイートゥ	小麦
	wheel ウッイール	ハンドル
	white ウッアイトゥ	白
	why ウッアイ	なぜ
	whisper ウッイスパー	ささやく
	whale ウッエイル	クジラ
	whistle ウッイスル	口笛を吹く
ck ［ク］	check チェック	小切手
	pack パック	包み
	pick ピック	選ぶ
	neck ネック	首
	black ブラック	黒
	ticket ティケットゥ	チケット
	quick クイック	素早い
	pocket ポケットゥ	ポケット
ng ［ンゲ］	wrong ローンゲ	悪い
	king キンゲ	王様
	long ローンゲ	長い
	sing スィンゲ	歌う
	young ヤンゲ	若い
	bring ブリンゲ	持ってくる
	strong ストローンゲ	強い
	swing スウインゲ	揺れる

これらは2語1音で新しい音を作るのに対し、blend［ブレンド］はもともとの子音の音が残るという特徴があり、さまざまな組み合わせがあります。

　たとえば、stは［ストゥッ］と発音しますが、もともとのフォニックスの音を確認すると、s［ス］+ t［トゥ］= st［ストゥ］となります。stomach、stone、steamなどstの綴りの単語が読めるようになります。

　同様にbl［ブル］はb［ブ］+ l［ル］です。blの綴りが入った単語、black、blue、blendなどで音を確かめてみてください。

　stやblはもともとの音が残るので、私のレッスンでは1字ずつのフォニックスで対応しています。

■母音同士の組み合わせ

　次に母音同士を組み合わせる母音ペア、Vowel pairsを学びましょう。

　2文字の母音からなり、2つの母音が新しい音を作るフォニックスが9つ。

oi	oy	ou	ow	ew
オィ	オィ	アゥ	アゥ	ユー、ウー
ei	oo	au	aw	
エィ	ウ、ウー	オー	オー	

　2文字の母音からなり、最初の母音はアルファベット読みし、

後ろの母音は読まないフォニックスも9つ。

ai	ay	ie	ue	ui
エィ	エィ	アィ、イー	ユー、ウー	ウー
ea	ee	oa	ow	
イー	イー	オゥ	オゥ	

これら母音同士の組み合わせの場合も、oi oy ai ay という具合にそれぞれの組み合わせをカードに書き、充分に読めるようになってから、単語で確認するようにしてください。

母音ペア [読み方]	単語	意味
oi [オィ]	oil オィル boil ボィル coin コィン point ポィントゥ toilet トィレットゥ voice ヴォィス	油 ゆでる コイン ポイント トイレ 声
oy [オィ]	boy ボィ enjoy エンジョィ joy ジョィ toy トィ soy ソィ oyster オィスター	少年 楽しむ 喜び おもちゃ 醬油 牡蠣

ou [アゥ]	house ハゥス	家
	cloud クラゥド	雲
	mouse マゥス	ネズミ
	round ラゥンド	丸い
	sound サゥンド	音
	ground グラゥンド	地面、土
ow [アゥ]	town タゥン	町
	cow カゥ	牛
	owl アゥル	フクロウ
	down ダゥン	下に
	now ナゥ	今
	how ハゥ	どのように
ew [ユー]	new ニュー	新しい
	knew ニュー	知った
	stew ストゥー	シチュー
ew [ウー]	chew チュー	噛み砕く
	screw スクルー	ねじ
	crew クルー	乗組員
ei [エィ]	beige ベィジュ	ベージュ色
	eight エィトゥ	8
	weight ウェィトゥ	重さ
	reindeer レィンディアー	トナカイ
	sleigh スレィ	そり
	neighbor ネィバー	近所

oo [ウ]	book ブック	本
	good グッドゥ	良い
	foot フットゥ	足
	wood ウッドゥ	木材
	wool ウール	羊毛
	look ルック	見る
oo [ウー]	moon ムーン	月
	pool プール	プール
	cool クール	涼しい
	spoon スプーン	スプーン
	school スクール	学校
	tooth トゥース	歯
au [オー]	Australia オーストレィリア	オーストラリア
	August オーガストゥ	8月
	autumn オータム	秋
	audience オーディエンス	聴衆、観客
	sauce ソース	ソース
	laundry ローンドリ	洗濯物
aw [オー]	saw ソー	ノコギリ
	jaw ジョー	あご
	law ロー	法律
	hawk ホーク	タカ
	yawn ヨーン	あくび
	straw ストロー	ストロー

ai [エィ]	rain レィン aid エィドゥ aim エィム main メィン train トレィン paint ペィントゥ	雨 手伝う 目的 主要な 列車 絵の具
ay [エィ]	day ディ gray グレィ way ウエィ pay ペィ pray プレィ say セィ	日 灰色 方法 支払う 祈る 言う
ie [アィ]	tie タィ die ダィ pie パィ	ネクタイ 死ぬ パイ
ie [イー]	piece ピース believe ビリーヴ thief スイーフ	個 信じる 泥棒
ue [ユー]	continue コンティニュー Tuesday チューズディ value ヴァリュー	続ける 火曜日 価値
ue [ウー]	glue グルー true トゥルー blue ブルー	のり 真実 青い

ui ［ウー］	suit スートゥ	スーツ
	suitable スータブル	ふさわしい
	fruit フルートゥ	果物
	juice ジュース	ジュース
	cruise クルーズ	巡航する
	bruise ブルーズ	打撲傷
ea ［イー］	eat イートゥ	食べる
	cream クリーム	クリーム
	team ティーム	チーム
	meat ミートゥ	肉
	read リードゥ	読む
	seat シィートゥ	席
ee ［イー］	tree トゥリー	木
	free フリー	自由な
	sweet スウィートゥ	甘い
	green グリーン	緑
	week ウィーク	週
	need ニードゥ	必要である
oa ［オゥ］	boat ボゥトゥ	ボート
	coat コゥトゥ	コート
	road ロゥドゥ	道
	coast コゥストゥ	海岸
	loan ロゥン	ローン
	throat スロゥトゥ	喉

ow ［オゥ］	snow スノゥ	雪
	slow スロゥ	遅い
	window ウィンドゥ	窓
	throw スロゥ	投げる
	yellow イヤロゥ	黄色

　最後は Silent-E（サイレント E）です。

　単語の語尾が母音＋子音＋e で終わる時は、e を発音せず、子音の前の母音をアルファベット読みするというルールがあります。tape, plane, same, time, hope など、例を挙げればたくさんあります。サイレント E も、実際に単語を読んでたくさん練習することです。

　フォニックスは、実践あるのみ！　どんどん単語を読んで練習することで、読み方が自然と身につきます。

第6章
お母さん、英語はこうお子さんに教えて下さい

1 子どもに英語を教えたい！——お母さんの"弱点"

　先に「日本人の英語でいい」と述べましたが、多くのお母さんたちは「自分の発音は本物ではない」と気にしながらも、実は自分の子どもに英語を教えたいとひそかに願っています（大学の英文科を出たお母さんでも発音には自信がありません）。

　つい先日も、私の教室に何年も通っているお母さんたちが、「子どもに英語を教えたくて英語を習い始めたんです」と口々におっしゃるので、そんなことは初耳だった私は「そうだったんですか！」と今さらながら驚いたしだい。

　真意を知っていれば、通常の英会話レッスンではなく、お母さん対象の子育て英語講座をご案内したのですが……。

　日常英会話が中心のクラスと、お子さんに教える英語とはおのずと違ってきます。ひと口に英語と言っても学習目的が違えば、学ぶ中身も違ってきます。

　そんなお母さんたちの目下の悩みは、文法が弱い、ということです。話せれば文法などいらない、という意見の人もいるかもしれませんが、私は文法や読み書きばかりを重視した英語教育には賛同しませんが、基本的な文法の知識は必要だと考えています。

■文法がわからない人が急増中！

　たとえば交通ルールがなかったら、道路は大混乱し、死傷者

が出ます。私は車の運転は大好きですが、運転が上手ではないので、交通規則がないと、おたおたしているうちに追突されてしまうに違いありません。

　交通規則があってこそ私たちは安全に車を運転できるわけですが、英語の文法も同じ役目を担っています。でたらめな英語をしゃべれば、相手には理解不能、コミュニケーションが成り立ちません。

　それに交通ルールさえ知っていればどんな道でも通ることができるのと同じく、英語の文法を知っていれば、いろいろな応用が利きます。一つひとつ覚えるより効率がいい、それが文法を覚える利点です。文法は堅苦しく、面倒なものだ、というのは一面を言っているにすぎないのです。

　私が日々実感しているのは、英語の文法を学ぶ以前に日本語の文法をしっかり教わっていない、ということです。

　たとえば、「品詞」の分類など、小学校できちんと習っていれば、中学校の英語でそれほど戸惑うことはないはずです。どうも最近の小学校では国語の時間に文法用語はあまり教えないようです（「品詞」とは、「名詞」「動詞」「形容詞」「副詞」「前置詞」などのことです）。

　私も年々、生徒たちの文法の基礎学力が落ちてきている、と感じていました。

　私のクラスでも中学生になると、多少の文法説明が必要になってきます。TEEメソッドは英語で英語を教えることを実践していますから、英語の文法を英語で説明するためには、事前に品詞や用語を覚えておかなければなりません。

　中学生であれば、とりあえず以下の8品詞は押さえておきた

いところです。

名詞	noun
代名詞	pronoun
形容詞	adjective
副詞	adverb
動詞	verb
前置詞	preposition
接続詞	conjunction
間投詞	interjection

しかし、いざ説明し始めると、「動詞ってなんですか？」「形容詞ってなんですか？」という質問攻めにあいました。

これは私にとって想定外の出来事でした。最初は生徒たちが私をからかっているのではないかと思いました。ところが、真剣な様子から、やっと本当なのだとわかり、ただただ啞然とするばかり。

そこで、

「名詞は人や物の名前、動詞は動作を表す言葉、形容詞は人や物の状態や性質、数量を表すもの、副詞は動詞を修飾するもの」

と説明し始めたのですが、皆口々に、「名詞はなんとなくわかるけど、あとは難しくてよくわかんない……」と言うのです。

■そもそも日本語の文法ができない

私は急遽、日本語の文法説明を始めることにしました。

「動詞は動作を表す言葉だよ。『歩くーぅ』とか『食べるー

ぅ』とか『眠るーぅ』とかっていうように、日本語では最後の音を伸ばすと『う』で終わることが多いの。

　形容詞は状態や性質、数量を表す言葉。日本語では最後の音は『い』で終わることが多いかな。たとえば、『かわいい』『かっこいい』『大きい』『小さい』なんていう言葉ね。

　そして、動詞を修飾するのが副詞。たとえば、『ゆっくり歩く』って言うでしょう。だから『ゆっくり』は副詞なの。ほかにも『きれいに食べる』とか『しっかり眠る』とか、言ったりするでしょう。だから『きれいに』も『しっかり』も副詞なんだよ」

　ここまで説明すると、だいぶ理解度が高まります。品詞がわかれば、次は文章の構造がわかるようになります。

　よく英語の文章構成をSVOCで表したりしますが、これは文の要素（品詞の並べ方）を下記のように記号化したものです。

　主　語：S［＝ Subject、名詞］
　述　語：V［＝ Verb、動詞］
　目的語：O［＝ Object、名詞、代名詞］
　補　語：C［＝ Complement、名詞、形容詞］

　文章は、SVOCを使って、以下の5つの文型に分けられます。

文型	例文
第1文型　S + V	I ran. (私は走った)
第2文型　S + V + C	That sounds good. (それはいいですね)
第3文型　S + V + O	You like chocolate. (あなたはチョコレートが好きです)
第4文型 　　S + V + O + O	He gave me this CD. (彼は私にこのCDをくれました)
第5文型 　　S + V + O + C	The news made us happy.(その知らせが私たちを嬉しくさせました)

　たとえば上記の第5文型を取り上げてみると、The news made us happy. という文では、The news が主語、made が動詞、us が目的語、happy が補語です。

　これを The news made happy us. とすると、変な英語になります。補語が目的語の前に来てしまっているからです。

　この S + V + O + C の仕組みを使って、同じように文章を作ることができます。

He calls me Beth.（彼は私をベスと呼びます）
She often leaves the door open.
（彼女はしばしばドアを開けっ放しにしている）

といった具合です。

　どうですか、一度仕組みを覚えると、かなり応用が利くことがわかりますね。

■手ごわい名詞、苦手な定冠詞

日本語と英語はまったく違う言語です。ここでは、お子さんに英語を教えたいと思っているお母さんたちが、うっかり間違ってしまう文法のお話をいくつかご紹介したいと思います。

子どもに英語を教える際に、いちばん最初に触れる単元の1つが名詞で、その単数と複数が課題です。

たとえば、「昨日スーパーでオレンジを買いました」と英語で言いたい時、どう表現しますか？

I bought orange in the supermarket yesterday.

この文章でも、言いたいことはわかりますが、文法的には間違いです。英語では、オレンジを何個買ったのかをはっきりさせる必要があります。

オレンジ1個であれば、an orange、2個であればtwo orangesとなります。わざわざ何個と言う必要がない時は、some orangesと言うことも、またorangesとただ複数形にするだけでもいいのです。

英語はなんでもはっきりさせなければならないと思っている方、それは思い過ごしです。このように英語でも曖昧な言い方は可能です。いずれにしても、文中に出てくる名詞が単数なのか複数なのかが重要なのです。

これは日本語にはない感覚ですから厄介です。しかし英語のネイティブにとっては、単数、複数がはっきりしていないと落ち着かない——それが英語の心理ということです。

オレンジの個数を表現する方法は、以下のようにさまざまです。

an orange （オレンジ1個）
two oranges （オレンジ2個）
some oranges （オレンジ数個）
a lot of oranges （たくさんのオレンジ）
many oranges （たくさんのオレンジ）
a bag of oranges （1袋のオレンジ）
a box of oranges （1箱のオレンジ）

■この「坂」って単数、複数？

私たちは「坂を上る」と言った時に、坂が1つとか2つとか考えません。しかし、英語のネイティブは坂はいくつあるのかと考えながら話をするのです。

詩人のアーサー・ビナードさんがテレビ番組で話していたのは、東京に薬研坂というのがあって、途中でUの字になっている箇所がある。それで坂は1つではないので複数になると言うのです。

確かに辞書を見ると、

He goes up a slight slope.（ちょっとした坂を上る）

という例文が載っています。これは坂の単数の例です。

日本人にはこの感覚がないので、かなり慣れないと自然に口を衝いて出るというようにはなりません。

それは仕方がないことなので、とにかく英語は単数、複数にうるさい、ということを常に意識することを忘れないことです。

■数えられるもの、数えられないもの

これからお話しすることは、小学生のお子さんに直接教える内容ではありませんが、知識としてぜひ知っておいていただきたいことです。

名詞には、数えられる名詞（可算名詞：Countable Nouns）と数えられない名詞（不可算名詞：Uncountable Nouns）があります。

そして、数えられる名詞には単数形と複数形があり、通常は単数形の語尾に -s、-es を付けて複数形を作りますが、単複同形や母音変化による不規則変化など特殊な変化をするものもあります。

また、数えられない名詞のなかには、「容器」や「単位」を用いて独特な数え方をするものもあります。

まず、数えられる名詞と数えられない名詞ですが、授業やセミナーなどで「数えられない名詞には、どのようなものがありますか？　思いつく限り英語で書いてください」と言うと、だいたい似通った答えが出てきます。water, air, wood, paper など、物質名詞を挙げる人がほとんどです。

数えられない名詞には、ほかに抽象名詞と固有名詞があるのですが、それらを挙げる人は稀です。

実際には、名詞は次ページの表のように分類されます。

名詞の種類		特徴
数えられる名詞 countable nouns	普通名詞 common nouns	人間や動物、物の名称。数えることができるので、単数形と複数形がある。
	集合名詞 collective nouns	人間や物の集合体の名称。単複両形と単数形しかないものに2分される。
数えられない名詞 uncountable nouns	物質名詞 material nouns	気体・液体・原材料など通例一定の形のない物質の名称。常に単数扱いで、a [an] は付かない。
	抽象名詞 abstract nouns	性格・状態などの抽象的な概念を表す。常に単数扱いで、a [an] は付かない。
	固有名詞 proper nouns	人名、地名などそれだけに固有の名称。曜日、月、祝日などもこれに当たる。以下の特徴あり。 ＊必ず大文字で書き始める ＊原則として、冠詞（a, an, the）は付かない ＊複数形にはならない

『基礎からの新総合英語』（高橋潔／根岸雅史著、数研出版）より抜粋

では、名詞の分類がわかったところで、ちょっとエクササイズをしてみましょう。それぞれの名詞の種類に当てはまる英単語を、下の選択肢の中から選んで表を完成させてください。

名詞の種類	名詞				
普通名詞 common nouns					
集合名詞 collective nouns					
物質名詞 material nouns					
抽象名詞 abstract nouns					
固有名詞 proper nouns					

〈選択肢／Choice〉

boy	fish	air	peace
family	Tom	wood	star
class	water	power	truth
bread	health	bird	book
apple	Japan	paper	Sunday
honesty	people	police	Christmas
Mt. Fuji			

さて、いかがでしたか？

こうして実際に名詞を分類してみると、理解度がより深まります。

〈解答〉

名詞の種類	名詞				
普通名詞 common nouns	boy	star	bird	book	apple
集合名詞 collective nouns	fish	family	class	police	people
物質名詞 material nouns	air	wood	water	bread	paper
抽象名詞 abstract nouns	peace	power	truth	health	honest
固有名詞 proper nouns	Tom	Japan	Sunday	Christmas	Mt. Fuji

次に数えられない名詞として、物質名詞の一定の量の表し方を掘り下げてみましょう。

物質名詞はそのままでは数えられませんが、「容器」や「単位」などを用いて数えることができます。

まずは容器を用いた表現を取り上げてみましょう。

a cup of	カップ1杯の〜
a glass of	グラス1杯の〜
a bottle of	1本の〜
a spoonful of	スプーン1杯の〜
a handful of	ひと握りの〜

実際には a cup of tea（カップ1杯の紅茶）、a glass of water（グラス1杯の水）、a bottle of wine（1本のワイン）、a spoonful of sugar（スプーン1杯の砂糖）、a handful of rice（ひと握りの米）というように言います。

次は単位を用いた数量の表現を見てみましょう。

a slice of	1切れの〜
a pair of	1組の〜
a loaf of	1斤の〜
a bunch of	1房の〜、1束の〜
a lump of	1塊の〜
a piece of	1切れの〜
a sheet of	1枚の〜
a cake of	1個の〜
a head of	1個の〜

では、ここでまたエクササイズです。下の選択肢の英単語はそれぞれどのような数え方をするでしょうか。_____ に当てはまる英単語を選択肢から選んで記入してください（重複可）。

〈選択肢／Choice〉

scissors	soap	cloth	trousers	chalk
grapes	paper	bread	ice	lettuce
glass	cabbage	flowers	ham	cake
meat	sugar	cheese	glasses	clay

a slice of _____	
a pair of _____	
a loaf of _____	
a bunch of _____	
a lump of _____	
a piece of _____	
a sheet of _____	
a cake of _____	
a head of _____	

今回はちょっと難しかったかもしれませんね。

さて、こちらが解答です。

a slice of _____	bread, meat, ham, cheese
a pair of _____	scissors, trousers, glasses
a loaf of _____	bread
a bunch of _____	grapes, flowers
a lump of _____	sugar, clay
a piece of _____	chalk, paper, cheese, cake
a sheet of _____	paper, cloth, glass
a cake of _____	soap, ice
a head of _____	lettuce, cabbage

ほかにも数えられない名詞は、以下のような計量単位で表すことができます。

パイントやパウンドと言われても、日本では用いている計量が違うので、あまりピンときませんが、ダースは日本でも鉛筆や卵で用いる単位です。英米では通常このような単位を用いていますので、覚えておいて損はありません。

a pint of	(1パイントの〜)
a pound of	(1ポンドの〜)
a quarter of	(1クウォートの〜)
a gallon of	(1ガロンの〜)
a dozen of	(1ダースの〜)

＊ pint＝液体単位、乾量単位：1/8 gallon；〈米〉0.47リットル、

〈英〉0.57リットル

* pound= 重量単位：16オンス、0.4536kgに相当
* quarter= 液体単位、乾量単位：〈主に英〉1/4 pound；（4オンス、113.39809g）
* gallon（略 gal）= 液体単位、乾量単位：4 quarters〈英〉で約 4.546リットル、〈米〉で約 3.785リットル

数えられる名詞のなかには、単複同形と言い、単数形と複数形が同じ形のものがあります。

本来群れをつくって生活している動物や魚類には、次のような単複同形があります。

fish（魚）、tuna（マグロ）、sardine（鰯）、carp（鯉）、salmon（鮭）、sole（平目）、trout（マス）、sheep（羊）、deer（鹿）、cattle（牛）、bison（野牛）などがそうです。

また、Japanese（日本人）、Chinese（中国人）など「〜人」という語で、語尾が「-ese」で終わっている語も単複同形です。ほかに、Portuguese（ポルトガル人）、Vietnamese（ベトナム人）などもそうです。語尾が「-ese」で終わる場合、これをさらに複数にしようとすると、発音するのが難しいからというのが理由のようです。同じ理由で、Swiss（スイス人）は語尾が「-ese」ではありませんが、単複同形です。

また複数形を作る際には、通常は単数形の語尾に -s 、-es を付けますが、以下のような特殊な変化をするものがあるので注意しましょう。

man（男）⇒ men   woman（女）⇒ women
foot（足）⇒ feet   tooth（歯）⇒ teeth
goose（ガチョウ）⇒ geese   mouse（ネズミ）⇒ mice
ox（雄牛）⇒ oxen   child（子ども）⇒ children

■手ごわい定冠詞、不定冠詞

あと、単数・複数とはちょっと離れますが、「定冠詞 the」と「不定冠詞 a、an」というのも、日本人にはなかなか手ごわいものです。

たとえば、I met a girl. と言えば、「ある女の子に会ったよ」という意味で、漠然としたニュアンスです。

それが I met the girl. と言えば、「その女の子に会ったよ」という意味で、すでに周知の女の子ということになります。

もし I met the girl. と相手に言われて、あなたがその子のことを思い当たらなかったら、「えっ、この人、何を勘違いしているんだろう」と思うはずです。

そんな時は、

Who are you talking about?（誰のことを話しているの？）

と尋ねたほうがいいですね。

ちなみに、私が会社勤めをしていた際に、「使ったカップは流しへ持って行くように」と英語で書いて表示しておくようにと指示され、みんなが使うキッチンの流しの上に、以下のような掲示をしたことがありました。

Please bring the cups you used to a sink.

するとすぐに、カナダ人のスタッフから to a sink ではなく、to the sink または to this sink と書くべきだと指摘を受けました。

言われてみれば、確かにそのとおりでした。to a sink では、どの流しでもいいということになってしまいます。「この流しへ」と限定するためには、to the sink か to this sink と書く必要があったのです。お恥ずかしい話ですが、その時の私はきっとそのあたりの理解が曖昧だったのでしょう。

単数・複数の区別、それと未知か既知かの区別、日本人が曖昧にしているそれらを、とにかく細かくやるのが英語だということです。

■代名詞と Be 動詞

「代名詞」というのも英語を学び始めると、必然的に最初のうちに触れる「品詞」です。

「代名詞」は「名詞の代わりの役目を果たす語群」です。

代名詞には、人称代名詞、指示代名詞、不定代名詞、疑問代名詞、関係代名詞と5種類ありますが、ここでは難しいことは取り上げず、いちばん身近で基本的な人称代名詞を扱います。

まず、次ページの表を見てください。

〈人称代名詞〉

	単数形			複数形		
	主格 〜は	所有格 〜の	目的格 〜を	主格 〜は	所有格 〜の	目的格 〜を
1人称	I	my	me	we	our	us
2人称	you	your	you	you	your	you
3人称	he she it	his her its	him her it	they	their	them

　人称代名詞は中学１年生で学習する内容ですので、このような表が教科書にも掲載されているはずです。学校でもこの表を暗記させるようですが、暗記はできてもちゃんと理解している中学生は意外に少ないかもしれません。

　たとえば以下のように、具体的な人物に当てはめると、混乱してしまう子どもたちが多いように思います。

　　私と○○ちゃん⇒ we
　　木村龍人くん⇒ he
　　田中龍子さん⇒ she
　　木村くんと田中さん⇒ they

　小学生には人称代名詞のなかでも、主格を取り上げます。そして、「代名詞」＋「Be動詞」のパターンを丸ごと覚えてもら

うようにしています。そのために、次のようなカードを作って、ジェスチャーと一緒に覚えます。

カードの表		カードの裏
I am	—	私は〜です。
We are	—	私たちは〜です。
You are	—	あなた（たち）は〜です。
He is	—	彼は〜です。
She is	—	彼女は〜です。
It is	—	それは〜です。
They are	—	彼らは〜です。

　ジェスチャーを取り入れることで、子どもたちにとってわかりやすく覚えられるように工夫しています。次ページから私の考案したジェスチャーをご紹介しますので、参考にしてください。

第6章　お母さん、英語はこうお子さんに教えて下さい　159

I am

まずI［アイ］で右手を胸に当ててから、am［アム］と言いながら、両手をそれぞれ握ってガッツポーズをします。

We are

右手のひらを下にして、胸から時計回りに大きく円を描き、We［ウィ］と言いながら胸に戻します。そして、右手の親指を立てare［アー］と言いながら、右手を外側にスライドさせます。

You are

目の前に相手がいるイメージで、You［ユー］と言いながら右の手のひらを手前に差し出します。そして、右の親指を立て are［アー］と言いながら、右手を外側にスライドさせます。

He is

グループ中に男の子がいれば、そのうちの1人を右の手のひらで示すようにして He［ヒイ］と言います。いなければ、誰もいないところを同様に示し、親指と人差し指を立て、それ以外の指は握りながら胸の前に持ってきて is［イズ］と言います。

第6章　お母さん、英語はこうお子さんに教えて下さい　**161**

|She is|

　グループ中に女の子がいれば、そのうちの1人を右の手のひらで示すようにしてShe［シイ］と言います。いなければ、誰もいないところを右の手のひらで示すようにします。それから、親指と人差し指を立て、それ以外の指は握りながら胸の前に持ってきてis［イズ］と言います。

|It is|

　It［イット］と言いながら右手親指を立て、is［イズ］で人差し指を立てます。

They are

　右手を握り、肘を曲げて、肩と同じ高さに右手を上げます。そして They［ゼイ］と言いながら時計回りに2回腕を大きく回してから、右の親指を立て are［アー］と言いながら、右手を外側にスライドさせます。

---

2 英語と一緒に"文化"も教える

　文法の話をすると頭が痛くなるという人がいますので、このへんにしておいて、私の授業でとくに注意をしていることをお教えしましょう。

　それは、英語を学ぶのと一緒に英語圏の文化も学ぶということです。たとえば、食べ物などは、国民性や地域性が非常によく現れます。

■「栗」はマロン？

秋の味覚のひとつ、栗を例に挙げてみましょう。私たち日本人は栗をお米と一緒に炊いて栗ごはんにしたり、モンブランやマロングラッセなどお菓子として食べたりします。食材としてとても身近なものです。

では、「昨日、お隣さんから栗をいただきました」は英語でなんと言えばいいでしょうか。多くの人が次のように言うのではないでしょうか。

My neighbor gave me marrons yesterday.

栗は marron［マロン］？　本当でしょうか。実際は、英語で chestnut［チェスナット］と言うのですが、たいていの方は知りません。

そもそも英語圏の人たちは栗を食べる習慣がありません。食べないものは話題に挙がりませんし、物語にも出てきません。必然的に、英語学習者の私たちの目にも触れる機会も少ないというわけです。

ちなみに、marron はフランス語です。フランス人は栗好きです。冬になればフランスの街角には、焼き芋屋ならぬ焼き栗屋が現れ、天津甘栗のような焼き栗を紙袋に入れて売っています。マロングラッセはフランス菓子です。日本の洋菓子はフランス菓子が大半を占めていますから、おのずと名前もフランス語が使われ、私たちは知らず知らずにそのフランス語をカタカナ語として覚えてしまっているのです。

このような生活に根ざした単語は、学校よりもむしろ家庭でお母さんが何かの折にお子さんに教えるほうが自然です。少し蘊蓄(うんちく)を語って、「どう、ママってすごいでしょ？」と自慢もできます。

■ハロウィンを利用する

　ハロウィンの時期に、私の幼なじみが遊びに来て、話題が子どもの英語教育に及びました。彼女の息子は幼稚園の年長児。翌春は小学校に入学するとあって、子どもの英語教育に興味津々(しんしん)の様子です。

　そんな彼女に私は「10歳からの英語教育」をとくとくと話し、彼女も「なるほど、じゃあ焦って始めなくていいのね」と納得してくれたのですが、「でも、生活に密着した英語ってどうやって教えたらいいの？」と聞かれました。

　そこで、ちょうどその時レッスンで教えていたハロウィン英語を例に挙げて話をしました。

　最近、ハロウィンは日本でもすっかり定着してきた感があります。といっても、宗教的な意味合いはなく、クリスマスと同じように商業化され、ある種の季節行事やイベントとしておこなわれています。

　由来は諸説ありますが、アメリカが発祥のお祭りです。怖いもの、不気味なものに仮装して Trick or treat！（お菓子をくれないといたずらするぞ）と言いながら近所を練り歩きます。「ハロウィンって言ったら、何を連想する？」と、私は幼なじみに尋ねました。彼女は考えながら「カボチャでしょう。あとは、お化けに魔女、黒猫……」と挙げました。

「そういうイメージよね。ハロウィンって不気味なものや怖いものがテーマじゃない？ でも、墓場とか、棺とか、骸骨とかって、普通の授業じゃ習わないじゃない？ 私は毎年この時期にハロウィンに関連した単語をレッスンに取り入れているの」

　ちなみに墓場は graveyard［グレーブヤード］か cemetery［セメトリー］（スティーヴン・キングに『ペット・セマタリー』という作品があります）、棺は coffin［コフィン］。

　ハロウィン関連をもっと挙げると蜘蛛（spider［スパイダー］）があります。「英語で蜘蛛の巣はなんて言う？」と彼女に聞きました。案の定、彼女が「わからない」と言うので、正解を教えました。「web［ウェブ］だよ！」（私の経験から、たいていの人は「蜘蛛の巣」が答えられないのを知っていました）。「インターネットで website［ウェブサイト］って言うでしょう？ あれは蜘蛛の巣のように情報が張り巡らされているイメージから名づけられたらしいのよ」

　すると彼女の顔がパッと輝きました。「知らなかったことがわかるって楽しいね！」

　ちなみに、私がレッスンで取り上げているハロウィン関連の英語は以下のようなものです。

〈ハロウィン英単語〉

ハロウィン・パーティ	Halloween party
ジャコランタン （カボチャ提灯）	jack-o'-lantern
お化け	ghost

魔女	witch
ドラキュラ	vampire, Dracula
ミイラ	mummy
骸骨	skeleton
頭蓋骨	skull
お化け屋敷	haunted house
墓地	graveyard, cemetery
墓石	gravestone
棺、棺桶	coffin
蜘蛛	spider
蜘蛛の巣	web
黒猫	black cat
コウモリ	bat
死に神	Grim Reaper

　どれも英語の授業では学ばない単語ばかりです。ハロウィンの季節に、街でハロウィンの飾りつけを見かけるようになったら、ぜひお子さんにこんなハロウィン英単語を教えてください。

■クリスマスを利用する
　ハロウィン以上に大きなイベントは、やっぱりクリスマス。その季節になると、関連単語を教えています。

〈クリスマス英単語〉

クリスマスツリー	Christmas tree
クリスマスリース	Christmas wreath
クリスマスプレゼント	Christmas present
クリスマスカード	Christmas card
キャンディケイン （紅白の杖の形のあめ）	candy cane
柊(ひいらぎ)	holly
長靴下	stocking
ジンジャーブレッド （ショウガ入りパンケーキ）	gingerbread
ジンジャーブレッドマン （ショウガ入りクッキー）	gingerbread man
サンタクロース	Santa Claus
トナカイ	reindeer
（馬が引く）そり	sleigh
（小型の）そり	（米）sled,（英）sledge
煙突	chimney
キャンドル	candle
天使	angel
雪だるま	snow man
鈴	bell
ポインセチア	poinsettia

私はこれらの絵カードを2組ずつ作っています。クリスマス・ゲームとして神経衰弱（Memory matching）をするのが、この時期の私のレッスンの定番です。

　神経衰弱は家庭でも取り入れやすいゲームですので、クリスマスに家族で楽しまれてはいかがでしょうか。これらのカードを使って、カルタ取りやすごろくも楽しめます。

　それらのゲームを英語で楽しんでいただくために、次章では英語でゲームをする方法を紹介しています。ぜひ参考にしてください。

第7章
体を使っておぼえるから簡単!

1 動作カードで遊ぶ

■さまざまな動詞

　英語を学び始めて最初に触れるのが、アルファベット、そして名詞、Be動詞という順番です。私のオリジナルプログラムでは、単元として動詞を学ぶのは半年以上先になります。

　では、レッスンでまったく動詞を取り入れないかといえば、そういうわけではありません。朝起きてから寝るまでの日々の簡単な動作を英語にしたカードを使っています。小学生に教えるには、その動作が絵や写真で紹介されているカードを用意する必要があります。視覚からのアプローチがとても重要だからです。

　ここでちょっとアドバイス！　このような絵カードは、市販の英語教材から探そうとすると、思ったようなものがなかったり、良いものが見つかったとしても高価だったりします。私は100円ショップで幼児向けの絵カードを見つけてきて、それに英語を書き加えてオリジナルのカードを作っています。

　たとえば、日々の動作を表している絵カードであれば、Everyday Activities［エブリディ・アクティビティズ］というタイトルを付けて活用しています。

　日々の動作で絵カードにしているものを紹介しましょう。

〈Everyday Activities〉

英語	日本語
get up	起きる
brush my teeth	歯を磨く
comb my hair	髪をとかす
get dressed	身支度を整える
have breakfast	朝ごはんを食べる
drink milk	牛乳を飲む
wash my hands	手を洗う
sit on a chair	椅子に座る
watch TV	テレビを見る
read a book	本を読む
ride a bicycle	自転車に乗る
draw a picture	絵を描く
listen to music	音楽を聴く
throw out the garbage	ごみを捨てる
talk on a phone	電話で話す
have lunch	お昼ご飯を食べる
put on trousers	ズボンをはく
take off trousers	ズボンを脱ぐ
put on shoes	靴をはく
take off shoes	靴を脱ぐ
have dinner	夕飯を食べる
take a bath	お風呂に入る
go to bed	寝る

まずお母さんが英語で言って、お子さんにその動作をジェスチャーしてもらいましょう。

慣れてきたら、お母さんの後にリピートして覚えるようにします。レッスンの都度、これを繰り返します。

11歳、12歳になると、恥ずかしがってジェスチャーはしなくなりますので、無理強いはせず、その際は、第8章に記すSpeed touch（カルタ取り）などのゲームで定着を図りましょう。

またほかにもさまざまな動詞を Action Words［アクション・ワーズ］として取り上げて、授業に導入しています。

私は動詞だけを集めた市販の絵カードを購入し、難易度で1〜4に分けて使っています。

そのなかでも初年度によく取り入れるのが、Action Words 1と呼んでいる、いちばんベーシックでわかりやすい動詞だけをまとめた次のような単語です。

〈Action Words 1〉

英語	日本語
walk	歩く
run	走る
skip	スキップする
hop	はねる
jump	ジャンプする
fly	飛ぶ

swim	泳ぐ
stand	立つ
sit	座る
sleep	眠る
stop	止まる
throw	投げる
kick	蹴る
hit	当てる
catch	捕まえる
color	色を塗る
point	指差す
push	押す
open	開ける
close	閉める

　私はこれらの英単語は、Simon says［サイモンセッズ］というゲームに取り入れることが多いのですが、これは欧米ではとてもポピュラーなゲームで、小学校でも外国人のALTの先生がよく授業でおこなっているのを見かけます。

　ルールはいたって簡単です。

　先生は子どもたちに最初にSimon says（サイモンが言っている）と言った場合だけ同じ動作をするように言います。

　たとえば、先生がSimon says walk.（サイモンが歩けと言っている）と言った場合、子どもたちは歩く動作をしないとい

けません。

Simon says jump.（サイモンがジャンプしろと言っている）の場合は、ジャンプをしないといけません。

Simon says なしで Walk！や Jump！だけなら、歩いたり、ジャンプしてはいけません。もし、つられてしまった場合は、ゲームから抜ける決まりです。最後まで残った人が勝ちになります。

時には先生が Simon says と言わずに Jump！と言って飛んでみたり、Simon says jump！と言いながら座ってみたり、子どもたちを欺こうとします。

こうして子どもたちを試すことで、彼らがどこまで英語を自分のものにしているかを確認することができます。

とてもテンポが良く、盛り上がるゲームなので、子どもたちの大好きなゲームの1つです。

また Action Words 1 を使って can, can't と連動させて教えることもあります。子どもたちに自分のできること、できないことを文章で言ってもらうこともできますし、Can you swim？というように can を使った質問をして、Yes, I can.

や No, I can't. と答えてもらうこともできます。

これをすごろくでやってみても面白いと思います。カードをマスに見立てて並べるだけで、簡単に準備が整います。1〜5ぐらいまでの番号カードを用意して、「進め」や「戻れ」というカードにしても面白いでしょう。

私の場合、数字のカードはすべて「戻れ」というルールにしています。

■単元として学ぶ3 動詞

Everyday Activities や Action Words 1 などは、生活に密着した英単語を覚えるのが目的ですが、動詞を使ってSVO（主語+動詞+目的語）の文章を組み立てることも教えています。

それには、want 、like 、have の3つの単語を使います。

私のプログラムでは、want や like は初年度から、have は2年目から取り入れています。

これら3つの動詞には、それぞれジェスチャーも付けています。

want は両腕を伸ばして前に出し、両手を重ねて「頂戴」のポーズ、like は両手を胸にクロスして重ねます。

そして have は右手で左肘を触り、左手で右手の肘を触ります（それぞれ次ページのイラスト参照）。

そのうえで、SVO の文章を作るために、主語になる代名詞とこれら3つの動詞がセットになったカードを使って教えています。

want

like

have

ここで want を例に挙げてご紹介しましょう。

カードの表		カードの裏
I want	—	私は〜がほしいです。
We want	—	私たちは〜がほしいです。
You want	—	あなた（たち）は〜がほしいです。
He wants	—	彼は〜がほしいです。
She wants	—	彼女は〜がほしいです。
It wants	—	それは〜がほしいです。
They want	—	彼らは〜がほしいです。

　このような代名詞＋動詞の組み合わせは、初年度は1人称と2人称の単数・複数しか教えず、2年目に3人称の単数・複数を教えるようにしています。

■3人称単数現在

　なぜ全部まとめて一度に教えないのかといえば、「3人称単数現在形」という文法理解が必要だからです。

　まず3人称単数現在とは何かについてお話ししましょう。

　私（I）や私たち（We）は1人称と呼ばれます。また、私（I）は1人なので1人称単数、私たち（We）は複数なので1人称複数となります。

　あなた（You）やあなたたち（You）は2人称と呼ばれます。あなた（You）は1人なので2人称単数、あなたたち（You）は複数なので2人称複数となります。

そして、彼（He）、彼女（She）、それ（It）や彼ら（They）などは3人称と呼ばれるグループです。彼（He）、彼女（She）、それ（It）など1人または1つを表すもの、または、He、She、It に置き換えられる人やものを3人称単数といいます。彼ら（They）など複数を表すものは3人称複数となります。

この3人称単数の He、She、It が主語になり、現在形の動詞を使って文章を作る時、動詞の原形に -s、-es を付けます。

たとえば、「私は犬がほしいです」と言いたい時は、以下のように want をそのまま用います。

I want a dog.

主語が「私たち」や「彼ら」の場合も、動詞の部分には want をそのまま用いて、

We want a dog.（私たちは犬がほしいです）
They want a dog.（彼らは犬がほしいです）

と言いますが、主語が3人称単数の He や She の場合は、He want a dog. や She want a dog. と言うことはできず、以下のように want に -s を付けなくてはいけません。

He wants a dog.（彼は犬がほしいです）
She wants a dog.（彼女は犬がほしいです）

このように、英語で動詞の現在形の文を作る時、主語が3人称単数の場合には動詞の原形に -s 、-es を付けることを忘れないようにしましょう。

■主語が3人称単数現在の時の疑問文

主語が3人称単数現在の時、疑問文は Do ではなく Does を文の先頭に置きます。そして、動詞は -s 、-es を取り、動詞の原形にします。

He wants a dog. という文を疑問文に書き換えると次のようになります。

Does he want a dog？（彼は犬がほしいですか）

そしてこの質問に答える時は、もちろん does を使って以下のように答えます。

Yes, he does.（はい、そうです）
No, he does not（doesn't）.（いいえ、違います）

Do を使った疑問文に慣れていると、なんでも do で答えてしまい、does を使った返事に即答できなくなってしまいます。とくに最初のうちは、子どもたちはちょっと混乱してしまって、do と does の区別に時間がかかることがありますので、何度も根気強く繰り返して教えることが大切です。

■主語が3人称単数現在の時の否定文

3人称単数現在の否定文も do not ではなく does not を動詞の前に置きます。疑問文同様に、動詞は -s、-es を取り、動詞の原形にします。

先ほどの He wants a dog. という文を否定文に書き換えると、

He does not want a dog.「彼は犬をほしくありません」

と言いますが、does not の縮約形、doesn't を用い、

He doesn't want a dog.

と言うこともできます。

3人称単数現在は、通常は中学1年生で学ぶ単元ですが、中学生でもなかなか理解できないちょっと厄介な文法です。ここから英語が嫌いになったという話も多く耳にします。小学生が理解するには、かなり難易度が高いと言わざるをえません。

無理なく理解できるようになるには、せめて臨界期に入る11歳を待たなくてはなりません。だから私は2年目から教えるようにしているのです。

2 ゲームで動詞に慣れる

■基本3 動詞をどう教えるか

私は want、like、have を教える際にも、ゲームの「神経衰弱」（Memory matching）を活用しています。

初年度は主語としては I、You、We しか教えませんので、たとえば動物カードを使って like を学ぶとすると、最初のカードは I like …、次のカードは You like …、そして2枚同じカードがそろった場合は We like … というルールを決めます。

最初に引っくり返したカードが猫だったとすると、プレーヤーは I like cats. と言います。

次に2枚目のカードを引っくり返しウサギのカードの場合は You like rabbits. と言います。もし1枚目と2枚目のカードが同じパンダのカードの場合は、We like pandas. と言うことになります。

動詞で like を用いる場合は、「何を」に当たる目的語がすべて複数形になりますので注意してください。名詞の単数・複数の作り方については第6章を参考にしてください。

2年目以降に3人称単数・複数を教える場合もルールは同じです。今度は主語として He、She、They を教えますから、最初のカードは He likes …、次のカードは She likes …、そして2枚同じカードがそろった場合は They like … と言うことに

なります。

　このようにゲームを取り入れながらおこなうと、子どもたちは英語を楽しみながら、自然にSVOの文章が作れるようになっていきます。

■Doの疑問文のゲーム

　文章が作れるようになったら、今度は疑問文を学びましょう。疑問文はDoやDoseを主語の前に置いて作りますが、これもジェスチャーで表現します。

　たとえばDo you have an eraser？（消しゴムを持っていますか）という疑問文をジェスチャーする場合は、まずDoと言うところで、右手をグーに握って右腕を90度に曲げてから、肘を下に落とします（イラスト参照）。

　次に、握っていた右手のひらを上にして開いて、youと言いながら前に差し出します。haveは176ページでご紹介したとおり、右手で左肘を触り、左手で右手の肘を触ってポーズが完成します。

　私はすべて英語でおこなうレッスンをしていますので、子どもたちがうっかりDoやDoesを言い忘れてしまった場合は、私は右手をグーに握って右腕を90度に曲げてか

Do / Does
右手をグーに握って右腕を90度に曲げてから、肘を下に落とす。

ら、肘を下に落とすジェスチャーを繰り返すのです。

　すると、皆「あ！」と言って、自分が何を言い忘れていたかを瞬時に思い出してくれるのです。

　このような一連のジェスチャーを使って、相手が持っているカードを当てるゲームが Guess game です。

　たとえば、have を使ってこのゲームをおこなうとしましょう。

　プレーヤー全員に5〜6枚のカードを配布します。そしてプレーヤーの順番を決めたあとは、それぞれのプレーヤーが Do you have a pencil？や Do you have a ruler？という具合にほかのプレーヤーに尋ねます。

　尋ねられたプレーヤーがたとえば鉛筆の絵カードを持っていれば、Yes, I do. と答えて、そのカードを質問して当てたプレーヤーに渡します。

　尋ねられたカードを持っていなければ、No, I don't. と答えます。いちばん多くカードを当てた人の勝ちです。

■ Does の疑問文のゲーム

　Does を用いた疑問文の練習には、私はまず子どもたち全員に絵カードを数枚配布して、What do you have？（何を持っていますか？）と尋ねるところから始めます。

　この時もジェスチャーを使って尋ねます。What は両手を広げて首をちょっと傾げてみせます（次ページのイラスト参照）。

　それからあとは、通常の疑問文と変わりません。Do と言うところで、右手をグーに握って右腕を90度に曲げてから、肘を下に落とします。

　それから、握っていた右手のひらを上向きに開いて、you と

言いながら前に差し出します。　What
最後に、右手で左肘を触り、左手で右手の肘を触ってhaveのポーズを作ります。

　この私の質問に子どもたちは配布されたカードを見ながら、I have a ... and ... と答えていきます。

　次に私は子どもたちに、すべての配布カードを自分たちの前に置き、みんなに見えるようにするように指示します。
　そして、たとえば私はこう尋ねます。

Does Takuya have a notebook ?
（タクヤはノートを持っていますか？）

　この質問はタクヤ以外の誰かに尋ねます。
　尋ねられた子どもは、タクヤの持っているカードを確認してからYes, he does. とかNo, he doesn't. と答えることになります。
　今度は別の子どもにこう尋ねます。

What does Kazuki have ?（カズキは何を持っていますか？）

　すると、今度はその子どもがカズキのカードを確認しながら、

He has a book and a marker and scissors.
（彼は本とマジックペンとハサミを持っています）

と答えることになります。

このように、文章は肯定文から疑問文、否定文へ、そして時制は現在形から3人称単数現在形へと、徐々に理解を深めていくほうが、子どもたちは無理なく、無駄なく学習できます。

私のレッスンでは、小学生に過去形は教えません。現在、過去、未来という時制の観念は、小学生はまだ充分に理解できないからです。私が小学生に教える時制は、現在進行形までにしています。

難しい文法事項を詰め込むだけの英語学習は、受験英語のように結局は、その時だけの付け焼き刃になってしまいます。年齢とその発達に見合った英語学習を何よりも大切にしたいと思っています。

3 これでスッキリ！ 前置詞がわかる

■嫌われものの前置詞

前置詞とは、名詞や代名詞の前に置いて、場所や方向、時間などを表す語です。

前置詞が苦手という方は、意外に多いのではないでしょうか？　では、何が苦手か？

まず、そもそもの前置詞の使い方がよくわからないということがあるようです。大人向けの英会話レッスンでも、よく質問されるのが場所を表す際のatとinの違いです。

通常、atは狭い場所を表し、inは広い場所を表すと言われますが、以下の2つの文章の場合はどうでしょうか。

① I'm going to see him at the library.
② I'm going to see him in the linrary.

場所はどちらも同じlibrary（図書館）ですが、①のat the libraryはエントランスが含まれることもありますが、基本的には「図書館の外」を意味するのに対して、②のin the libraryは「図書館の中で」つまり「図書館内で」という意味です。

もしあなたが待ち合わせの場所を図書館の前とイメージしている場合は、①のI'm going to see him at the library.と言ったほうが誤解なく伝わります。

あと、前置詞は動詞や名詞にくっついて複雑な働きをするので、覚えるのが難しい（面倒だ）ということがあるのではないでしょうか。

たとえば、get onと言えば「〜に乗る」ですが、get offは「〜から降りる」と反対の意味になりますし、get toと前置詞がtoに変われば、「〜に到着する」という意味になる、という具合に動詞getは同じでも、あとにどんな前置詞がくるかで意

味がいろいろ違ってきます。

■小学生に教える前置詞

私が小学生に教える前置詞はこのように難しいものではありませんが、やはり彼らにとっても前置詞はひと筋縄ではいかないようです。

私は場所を示す語として以下のような前置詞を教えています。

in	〜の中に
on	〜の上に
under	〜の下に
in front of	〜の前に
behind	〜の後ろに
next to	〜の横に
by	〜のそばに

さて、問題はこれらの前置詞をどのように教えるかです。

前置詞を絵にするのは難しいので、私は表面は英語、裏面は日本語で書かれたカードを作成しています。しかし、ただカードを見せるだけでは子どもたちには充分に伝わりません。やはり実際にやってみせることが重要です。

そこで私は、さまざまなぬいぐるみと箱を使って前置詞を説明しています。クマのプーさんやコアラ、オオカミのぬいぐるみを箱の上に置いたり、箱の中に入れたりして実演して見せるのです。

Pooh is on the box.（プーは箱の上にいます）と言いながら、

プーさんを箱の上に載せます。今度は、Pooh is in front of the box.（プーは箱の前にいます）と言って、プーさんを箱の前に置くのです。

また、子どもたちがどれくらい前置詞を理解しているか確認するために、私が英語で言ったとおりの場所にぬいぐるみを置くというゲームをします。

たとえば私が、

The koala is next to the box.（コアラは箱の横にいます）

と言えば、子どもたちはコアラのぬいぐるみを箱の横に置かなければなりません。

主語がPooh［プー］なのか、koala［コアラ］なのか、またはwolf［ウルフ］なのか、そして前置詞をちゃんと聴き取っているのか、子どもたちの理解度が一目瞭然でわかります。

箱だけでなく、紙袋を使ってみるのもいいでしょうし、パソコンやテーブル、本棚など部屋にあるものを上手に使って、前置詞を生活の中で教えることもできます。

個人戦でも、グループ戦でも、大変盛り上がるゲームですので、ぜひご家庭でも取り入れてみてください。

■前置詞と組み合わせて言ってみる

前置詞がある程度理解できたら、次のステップは、不特定の物や人について「……があります」「……がいます」という言い方を前置詞と組み合わせて、身の回りの物を取り上げ英語で言うようにします。

「……があります」「……がいます」と言いたい時は、there is、there are の文章を使います。There is（are）のあとに物がくる時は「〜があります」、人や動物がくる時は「〜がいます」と訳します。

● There is ＋単数名詞
「（1つの）……があります（います）」

● There are ＋複数名詞
「（いくつかの）……があります（います）」

　There is a cat.（猫がいます）
　There are cats.（猫たちがいます）

　これらの文章に場所を表す前置詞を加えてみると、次のようになります。

　There is a cat on the sofa.
（ソファーの上に猫がいます）
　There are cats under the table.
（テーブルの下に猫たちがいます）

　場所を表す前置詞は、たとえば以下のようなものがあります。先ほどの例文の on the sofa、under the table の代わりに、以下のような語句を入れて使うこともできます。
　どれも生活の中でよく出てくる表現ばかりです。

机の上に	on the desk
椅子の下に	under the chair
私のバッグの中に	in my bag
大きな車の前に	in front of the big car
このコンビニの後ろに	behind this convenience store
私の家の隣に	next to my house
あの学校の近くに	near that school
赤い自転車のそばに	by the red bicycle
テーブルの周りに	around the table
本棚と机の間に	between the bookshelf and the desk
図書館（の前）で	at the library
茨城に（で）	in Ibaraki
壁に	on the wall

　このように場所を表す前置詞はさまざまな組み合わせが可能です。ぜひお子さんに生活に密着した表現を、日々の生活の中で触れさせるようにしてください。お子さんにとって、きっと英語がもっと身近に感じられるはずです。

第8章
すべて英語で！ゲームを愉しむ！

1 神経衰弱(Memory matching)ゲームで遊ぼう

　私がよくおこなうアクティビティのひとつにMemory matching（メモリーマッチング）=「神経衰弱」があります。

　大人、子どもを問わずに楽しめますが、とくに子どもの英語のボキャブラリーを増やすためにぜひお勧めしたいゲームです。家族で楽しく遊んでいるうちに、いつの間にか英単語が増えていく、とても自然で理想的なアクティビティです。

　私はこの「神経衰弱」という記憶ゲームが昔から大好きでしたが、試しにレッスンに取り入れてみると、単元に応じてさまざまにアレンジできるので、もはやMemory matchingは私のレッスンの定番ゲームとなっています。

　では、このゲームをどのような順序で、どのようなClassroom Englishを使って進めているのかご紹介していきましょう。

■ Memory matching のルールを確認しましょう

　プレーヤーは並んでいる絵カードの中から2枚を選んで引っくり返し、それらのカードが同じカードならプレーヤーのものになります。

　違う場合はそれらを元の位置に裏返して戻し、次のプレーヤーが同じように2枚ずつ引っくり返していくというゲームです。

　引っくり返すカードが全部なくなるとゲームは終了です。

いちばん多くカードを持っているプレーヤーの勝ちです。

最初にカードをバラバラに置きます（上掲イラスト参照——私はこのアクティビティを主として授業でおこなっていますが、充分に家庭でもできますので、ぜひやってみてください）。

■ Memory matching をおこなうための Classroom English

〈少人数の場合〉——動物カードで単数＆複数を学ぶ

①メモリーマッチングをしますよ。

We are going to play the Memory matching.

メモリーマッチングをしましょう。

Let's play the Memory matching.

②日本語で「神経衰弱」というゲームを知っていますか？メモリーマッチングは、それとまったく同じゲームです。

Do you know the game called "shinkeisuijaku" in

Japanese? The Memory matching is exactly the same as that.

③ゲームする前に、まず動物カードを全部確認しましょう。

Let's make sure of all the words of animals first, before playing the game.

④大きな声で繰り返してね。いい？

Repeat after me in a loud voice please. OK ?

⑤じゃあ、それらを文章で言ってみよう。

Now, try to make a sentence, with them.

⑥(絵カードを見せながら）それはウサギです。それはキツネです。それはカバです。

It's a rabbit. It's a fox. It's a hippopotamus.

⑦(たとえばウサギのカードを２枚見せながら）それらはウサギです。（次にキツネのカードを２枚見せながら）それらはキツネです。

They are rabbits. They are foxes.

⑧カードをよく切ります。

I shuffle the cards well.

⑨テーブルにカードを全部広げて。

Spread out all the cards on the table.

⑩ジャンケンで順番を決めて。

Please decide your turns by rock-paper-scissors.

⑪誰が最初？　手を上げてね。

Who's first ? Raise your hand, please.

⑫誰が２番目？　手を上げてね。

Who's second ? Raise your hand, please.

⑬誰が３番目？　手を上げてね。

Who's third ? Raise your hand, please.

⑭誰が４番目？　手を上げてね。

Who's fourth ? Raise your hand, please.

⑮カードを２枚引っくり返して。

Turn over two cards, please.

⑯これは何？

What is this ?

⑰５秒以内で答えて。

You have to answer within 5 seconds.

⑱わからない？　わからないって言ってね。

You don't know ? Please say "I don't know".

⑲それらは同じ？

Are they the same?

⑳「イエス」か「ノー」で答えてね。

You can answer "Yes" or "No".

㉑それらは何？

What are they ?

㉒それらが同じ時は、なんて言うの？

When they are the same, what can you say ?

㉓文章で言ってみて。

Try to make a sentence.

㉔そのとおり！　それらはあなたのものよ！　はい、どうぞ！

That's right ! They are yours ! Here you are !

㉕もう１回できるよ。続けて。

You can have one more turn. Continue. Keep on going.

㉖ゲームは終わり。

The game is over.

㉗みんなでカードを数えよう！

Let's count the cards together!

㉘さあ、みんな、何ペア持っているの？

Well, everyone, how many pairs do you have?

㉙チャンピオンは誰？

Who is the champion?

㉚今日のチャンピオンは、××です！

Today's champion is ××!

㉛おめでとう！　拍手しよう！

Congratulations! Clap your hands!

■ Memory matching を英語でおこなうためのポイント

①カテゴリー別にカードを準備しましょう

　動物、昆虫、魚、花、乗り物、職業、果物、食べ物など、カテゴリー別に、カードを用意します。市販の幼児教材で絵や写真が綺麗な絵カードがたくさんありますので、それらを利用するのもいいでしょう。同じカードを2セットずつ用意しておくと、すぐに神経衰弱ができます。

　すべてのカードの裏面に色紙などを貼り付け、1セットごとに色や柄をそろえることがポイントです。

たとえば、果物カードを2セット用意した際に、1セットは後ろが青色、もう1セットは赤色といった具合です。2セットとも同じ色で用意してしまうと、神経衰弱をする際に、難易度がかなり高くなってしまいます。

②単語の確認を忘れずに。

ゲームを始める前に、必ずカードの単語を確認することが大切です。1枚1枚カードを見せながら、まず講師や親が単語を言い、次に子どもたちがリピートするよう促します。

③確認した単語を文章で言う練習をします。

a. 単数&複数を学ぶ

カードを1枚ずつ見せて、It's a …、同じカードを2枚見せて They are … s. と練習すれば単数と複数の勉強になります。

その際、以下のような数えられない名詞や単複同形の英単語に気をつけましょう（第6章を参照）。

動物には単複同形がいくつかあります。羊 sheep、鹿 deer などがそれに当たります。

fish は一般に「魚」を指し、広い意味では貝類やクラゲ類を含めることもあります。複数形は通例 fish で、個々の魚や種類を強調する時 fishes となることもありますが、最近では kinds of fish のほうが一般的で、いろいろな種類の魚は all kinds of fish と言います。サケ salmon やカツオ bonito、サンマ saury なども単複同形です。

b. 基本動詞「have」「want」「like」

カードを1枚ずつ見せて、I have a ...、同じカードを2枚見せて You have ... s. と練習すれば、単数と複数の勉強だけでなく、基本動詞の練習にもなります。

c. Be 動詞

家族のメンバーの絵や写真をカードにして、I am ...、You are ...、We are ...、He is ...、She is ...、They are ... などの練習ができます。また、さまざまな職種の人々のカードを用意し、1枚ずつカードを見せて He is a ... や同じカードを2枚見せて They are ... s. と練習して、単数と複数の勉強だけでなく、He と She の区別も可能です。

④文章作りに動作を効果的に取り入れましょう。

It's a dog. を例に挙げてみましょう。握った利き手を出して、It's と言いながら親指を立てます。次に a で人差し指を立て、dog で中指も立てます。単語一つひとつを塊としてとらえることで、英語の文章構成が自然に身につきます。

⑤褒める時や励ます時も英語で。

少しオーバーなくらいのジェスチャーや抑揚をつけた大きな声で、臨場感たっぷりに演出するのが効果的です。

2 カルタ取り(Speed touch)で遊ぼう

　Memory matching と同じくらい定番となっているゲームが Speed touch（スピードタッチ）＝「カルタ取り」です。

　このゲームも Memory matching 同様、英語のボキャブラリーを増やすためにぜひお勧めしたいゲームのひとつです。

　しかもルールはいたってシンプルです。読み上げられたものを早くタッチすればいいわけですから、誰でもすぐにゲームに参加することができます。

　では、そのプロセスと Classroom English をこれから説明していきましょう。このゲームは少人数でもグループでも取り入れやすいので、大いに活用していただければと思います。

■ Speed touch のルールを確認しましょう

　テーブルや床に絵カードを広げます。読み上げられたカードをいちばん早くタッチしたプレーヤーがそのカードを得ることができます。

　誤って間違ったカードをタッチする行為はお手付きと呼ばれますが、もしお手付きをした場合は、持っているカードから1枚を元の場所に戻します。

　お手付きした時点で獲得カードが1枚もない場合は減点となりますが、その後にカードを獲得した時点でそれを戻せば減点ではなくなります。

同じカードを複数のプレーヤーが同時にタッチした場合は、ジャンケンをして勝ったプレーヤーのものになります。最終的に獲得カードをいちばん多く持っているプレーヤーの勝ちです。

　私はこのゲームを少人数でもおこないますが、20名以上のクラスでもグループ対抗で取り入れています。

　大人数の場合は、まずグループをつくるところからアクティビティをスタートさせます。興奮してくると、子どもたちはカードを獲得しようとスライディングします。

　フローリングの床でスライディングすると、膝や肘を擦り、傷つくこともあります。また、思いっきり走って行って、ほかのプレーヤーと体当たりすることもあり大変危険です。

　そこで私は、Speed touchには必ず「ハエ叩き」を用意しておきます。これで叩けば、いくら思いっきり走って行っても、スライディングして膝を擦りむくことも、頭と頭をぶつけてしまうこともありません。

■ Speed touch をおこなうための Classroom English

〈少人数の場合〉

①スピードタッチをしますよ。

We are going to play the Speed touch.

スピードタッチをしましょう。
Let's play the Speed touch.

②ゲームする前に、まず単語を全部確認しましょう。

Let's make sure of all the words first, before playing the

game.

③大きな声で繰り返してね。いい？
Repeat after me in a loud voice, please. OK ?

④カードをよく切ります。
I shuffle the cards well.

⑤テーブルにカードを全部広げて。
Spread out all the cards on the table.

⑥スピードタッチは「カルタ取り」とまったく同じですよ。
The Speed touch is exactly the same as "Karutatori", you know.

⑦ルールを説明します。私が次々にカードを読み上げます。もし最初にカードにタッチしたら、そのカードを獲得できます。
Now I'll explain the rules. I read out the cards one after another. If you touch the card first, you can get it.

⑧間違ったカードをタッチすることは、日本語で「お手付き」と言います。
Touching the wrong card is called "Otetsuki" in Japanese.

⑨もしお手付きしたら、獲得したカードから1枚戻してね。

If you do "Otetsuki", you have to put back one of your cards.

⑩もし獲得カードがない場合は、ペナルティになります。
If you don't have any cards, you will get a penalty.

⑪じゃあ、始めるよ！
Let's get started !

⑫両手は頭の上に置いてね。
Put your hands on your head.

⑬すごく速くタッチできるね。
You can touch so fast/quickly !

⑭これは君のものだよ。
It's yours.

⑮3人で同じカードをタッチしているね。
Three people are touching the same card.

⑯誰がそれを得るか、ジャンケンして決めよう。
Let's decide who gets it by rock-paper-scissors.

⑰間違ったカードにタッチしているよ。
You are touching a wrong card.

⑱獲得カードから1枚戻してね。

You put back one of your cards.

⑲あと5問でゲームを終わりにします。

The last five questions, and the game will be over.

⑳一緒にカードを数えましょう。

Let's count the cards together.

㉑今日のチャンピオンは、××です！

Today's champion is ××！

㉒おめでとう！　拍手しましょう！

Congratulations！ Clap your hands！

〈グループでおこなう場合〉

①スピードタッチをしますよ。

We are going to play the Speed touch.

スピードタッチをしましょう

Let's play the Speed touch.

②ゲームする前に、まず単語を全部確認しましょう。

Let's make sure of all the words first, before playing the game.

③大きな声で繰り返してね。いい？

Repeat after me in a loud voice, please. OK ?

④カードをよく切ります。

I shuffle the cards well.

⑤床にカードを全部広げて。

Spread out all the cards on the floor.

⑥スピードタッチは「カルタ取り」とまったく同じですよ。

The Speed touch is exactly the same as "Karutatori", you know.

⑦ルールを説明します。私が次々にカードを読み上げます。もし最初にカードにタッチしたら、そのカードを獲得できます。

Now I'll explain the rules. I read out the cards one after another. If you touch the card first, you can get it.

⑧間違ったカードをタッチすることは、日本語で「お手付き」と言います。

Touching the wrong card is called "Otetsuki" in Japanese.

⑨もしお手付きしたら、獲得したカードから1枚戻してね。

If you do "Otetsuki", you have to put back one of your cards.

⑩もし獲得カードがない場合は、ペナルティになります。
If you don't have any cards, you will get a penalty.

⑪グループ対抗でおこないます。
It's going to be a group competition.

⑫まず、みんな手をつないで大きな円になって。
First, stand in a big circle hand in hand.

⑬手を離して。私の言うことをよく聞いて。
Leave your hands. And listen to me.

⑭4人組になって！
Make groups of four.

⑮それでは、男女6人組になって！　男女混合グループだよ！
Then, make mixed groups of six! Mixed boys and girls groups!

⑯じゃあ、今日はこれらのグループで競争しましょう。
Well, we will compete with these groups today.

⑰このグループ、こっちに来て。列になって。
This group, come here and make a line.

⑱そっちのグループ、向こうへ行って。列になって。

That group, go over there and make a line.

⑲各グループで順番をジャンケンで決めて。
Decide your turns in each group by rock-paper-scissors .

⑳順番は決まった？
Have you already decided your turns ?

㉑じゃあ、順番に並んで。
So, make a line by turns.

㉒ハエ叩きを渡します。これでカードを叩いてね。
I'll give you a flyswatter. Please hit a card with this.

㉓じゃあ、始めるよ。
Let's get started !

㉔第1問、×××！
The first question, ×××!

㉕すごく速くタッチできるね。
You can touch so fast/quickly !

㉖これは君のものだよ。
It's yours.

㉗ハエ叩きを次のプレーヤーに渡して。

Pass a flyswatter to the next player.

㉘３人で同じカードをタッチしているね。

Three people are touching the same card.

㉙誰がそれを得るか、ジャンケンして決めよう。

Let's decide who gets it by rock-paper-scissors.

㉚間違ったカードにタッチしているよ。

You are touching a wrong card.

㉛グループの獲得カードから１枚戻してね。

You put back one of your cards.

㉜あと５問でゲームを終わりにします。

The last five questions, and the game be will over.

㉝一緒にカードを数えましょう。

Let's count the cards together.

㉞あなたたちのグループはそれぞれ何枚のカードを持っているの？

How many cards does each group have？

㉟こちらが今日の優勝チームです！

This is the champion team today!

㊱おめでとう！　拍手しましょう！
Congratulations! Clap your hands!

■ Speed touch を英語でおこなうためのポイント

　このゲームは人数を問わず楽しめますが、やはり人数によってルールを変える必要があります。

　通常、8名以下の少人数であれば、テーブルにカードを広げ、子どもたちがテーブルを囲むようにします。

　Put your hands on your head. と、両手を頭に載せてもらうように指示します。こうすることで、参加者全員が同じコンディションでゲームに参加することができます。

　大人数の場合はやはりグループに分けて、グループ対抗にするとゲームが盛り上がります。グループをつくるプロセスも、アクティビティの1つにすると、たくさんのことが同時に学べて効果的です。

　グループ対抗戦のような大人数クラスは、体育館やホールなど大きなスペースでおこなうことになりますが、空間が広い分、子どもたちは必死になってカードを取りに走るので、予期せぬことがたくさん起こります。

　そこで思いついたのが「ハエ叩き」です。これで怪我もケンカもなく、楽しくゲームができるようになりました。もちろん実際のハエには未使用ですので、ご安心を！

3 持ってきてゲーム（Bring here game）で遊ぼう

　以前、私が企業で外国語指導助手（ALT）業務委託派遣に携わっていた際に、ALTがかかわる授業を授業参観として公開したい、文化祭や発表会の演(だ)し物にしたい、というお話をよくいただいたものでした。

　そのレッスンプランとして、学校の先生方からよく、英語による歌と寸劇の提案がありました。しかし、子どもたちに英語の歌詞や劇のセリフを充分に理解させて、演じさせるのは並たいていのことではありません。結局、意味もわからず、丸暗記で終わりがちです。

　もちろん、それも語学習得のひとつの方法だとは思いますが、私には闇雲(やみくも)に知識を詰め込むだけの気がして、いつも違和感がありました。

　そんなことより、普通の授業の様子を見せるのがいちばんいいのではないかと思っていました。しかし、文化祭や発表会では少々エンターテインメント性に欠けるかもしれません。

　そんな折、公民館での文化祭のアトラクションの話がきました。私が講師を務めるところの教育委員会生涯学習課主催の小学生英語クラスの子どもたちと、ステージに上がってほしいというリクエストです。

　観覧者が100名もいる場では、ふだんのMemory matchingやSpeed touchは適当なアクティビティとは言えません。遠

目ではステージの上でいったい何がおこなわれているのかよくわかりません。

観覧者も臨場感を一緒に体感してもらえるものはないだろうか。そんな時に思いついたのが Bring here game ［ブリング・ヒア・ゲーム］です。

生活に密着したアイテムを題材にしたオーダーゲームは、年齢や英語の知識を問わず誰でも楽しめるものです。

このゲームは大人数クラスでもグループで競えるイベント性の高いゲームです。文化祭や発表会の演し物として、子どもたちだけでなく、観覧している大人たちも巻き込んで大いに盛り上がります。

■ Bring here game のルールを確認しましょう

講師が洋服や持ち物、そしてその色や柄についてオーダーを出します。プレーヤーはそのオーダーに合った洋服や色や柄を着ている人を連れてくるというゲームです。

条件に合った人をいちばん早く連れてきたプレーヤーの勝ちになります。

■ Bring here game をおこなうための Classroom English

①これから Bring here game をします。
We are going to play Bring here game.

②これはオーダーゲームです。洋服や持ち物、色、柄などについてオーダーを出します
This is an order game. I'll give you orders about

clothing, colors and patterns.

③（シャツの絵カードを見せながら）たとえば「白いシャツを着ている人を連れてきて」というオーダーを出します。

For example, I'll give you the order of 'bring here someone wearing a white shirt!'.

④（会場を見渡して誰かを探すジェスチャーをしながら、再度絵カードを見せて）白いシャツを着ている人を探して、ここに連れてきてください（引っ張ってくるジェスチャーをする）。

Please find someone wearing a white shirt, and bring him or her here.

⑤今日はグループ対抗でおこないます。

It's going to be a group competition.

⑥ゲームをする前に、まず洋服についての単語を確認しましょう。

First of all, make sure of the words of clothing.

⑦では、始めます。用意はいいですか？

Well, let's get started! Are you ready?

⑧最初のオーダー！「黒いスカートをはいている人を連れてきて」

The first order! Bring here someone wearing a black

skirt.

⑨さあ、早く！　制限時間は5分です。
Hey, hurry up！ I'll give you 5 minutes.

⑩よくできました。では、ジャッジングタイムです。
Good job！ Now, it's time for judging！

⑪（それぞれのグループが連れてきた人の洋服を確認しながら）黒いスカート、クリア！　黒いスカート、クリア！
A black skirt, clear！ A black skirt, clear！

⑫どのグループも正解でした。1ポイント獲得です！
All the groups gave the correct answer. Get one point each！

⑬では、次のオーダーです。「ストライプのシャツを着ている人を連れてきて！」
Well, I'll give you the next order. Bring here someone wearing a striped shirt！

⑭さあ、早く！　早く行って！　今回は7分あげます。
Go！ Go right away！ I'll give you 7 minutes this time.

⑮残り時間がないよ。あと30秒。
There is little time left. 30 seconds left.

⑯時間ですよ。みんなここに来て。ジャッジングタイムです。
Time's up! Everyone, come here. It's time for judging.

⑰（グループが連れてきた人の洋服を確認しながら）これはストライプのシャツかな？　これは違いますね。
Is this a striped shirt? Sorry, it's not.

⑱（グループが連れてきた人の洋服を確認しながら）ストライプのシャツ、クリア！　ストライプのシャツ、クリア！
A striped shirt, clear! A striped shirt, clear!

⑲ゲームは終了です。
The game is over.

⑳3ポイント差でこのグループが勝ちました。
This group won by 3 points.

㉑おめでとう！　拍手しましょう！
Congratulations! Clap your hands!

■ **Bring here game** を英語でおこなうためのポイント

　このゲームは身近なアイテムである洋服や色、柄などを用いて出題するため、初めてでも導入しやすいと言えるでしょう。アイテムは身近でも、やはりほかのゲームと同様にゲームを始める前に絵カードを使って単語を確認する必要があります。
　英語だけでゲームのルールを説明することが難しいこともあ

ります。そのような時は、ジェスチャーや実践で補っていくほかありません。

そして出題する際には、事前に観覧者の服装などを観察し、最初は多くの人たちが着ている洋服や色を選び、徐々に着ている人が少ない洋服や色、柄を選んでいき、問題を難しくしていくことをお勧めします。

また問題の難易度によって、制限時間を短くしたり、長くしたり、獲得ポイントを変えたりするのも面白いでしょう。

子どもたちの理解状況を的確に把握して、臨機応変に対応することで、何より子どもたち自身がこのゲームを楽しみ、観覧者に交渉する術も身につきます。そうすることで観覧者もゲームに一緒に参加しているような一体感が生まれます。

ぜひこのゲームを通して、多くの方々に英語に親しんでいただきたいと思っています。

4 Cookinglish(Cooking ＋ English)で愉しもう

■フランス料理で英語のレッスン

指示英語は教室の中だけで使われるものではありません。むしろ日常生活で身につける「生活英語」すべてが指示英語と考えるほうが自然でしょう。Classroom Englishは実はその一部にすぎません。

私はイギリスでのボランティア活動を経て、フランスに留学

しましたが、フランスではフランス人の友人たちや他国からの留学生などから、日本料理を教えてほしいと頼まれることがたびたびありました。そこで現地の食材で日本食を作るわけですが、巻き寿司、肉じゃが、そして酢の物が私の十八番でした。

材料を準備し、いざ一緒に料理をする時になって初めて気づいたのは、cut（切る）、boil（煮る）、fry（炒める）くらいの大雑把な語彙しか知らないということでした。

たとえば「みじん切り」や「水を切る」「水にさらす」などはなんと言えばいいかわからず、Like this.（こうするのよ）と言ってその場をしのいでいました。自分のボキャブラリーの貧しさに愕然としました。

なぜ料理の英語ぐらい知らないのだろうと歯がゆく思ったものでした。しかも、そういう場面に遭遇するまで、自分がその種の英語表現に弱いとまったく知らなかったわけです。

最近では、英語を使いながら料理したり、エクササイズする学習スタイルが支持を得ているようです。私の教室でもCookinglish［クッキングリッシュ］と名づけたレッスンを実施してきました。これはCookingとEnglishを掛け合わせて作った造語です。文字どおり、英語で料理するレッスンというわけです。

外国の人々と交流を深める時、そこには必ずと言っていいほど、皆で食事をする機会があります。日本ではホームパーティはあまり定着していませんが、私が滞在していたイギリスやフランスでは家に大勢の友人を招いてパーティを開くことが習慣化していました。

そんな時、コミュニケーションの鍵になるのはいつも食べ物

の話。日本食に興味や関心を持っているヨーロッパ人は大勢います。そこから話が広がり、次回は日本食を一緒に作りましょうということになったりするのです。

Cookinglishは、英語の料理用語もほとんど知らなかった私の経験がもとになって生まれたものです。

先に「みじん切り」「水を切る」「水にさらす」がわからなかったと書きましたが、英語にすると以下のようになります。

Please chop the cucumber finely.
キュウリをみじん切りにしてください。
＊ chop ... finely（みじん切りにする）

Drain the lettuce.
レタスの水を切って。
＊ drain（水を切る）

Soak the sliced onion in water.
スライスした玉ねぎを水に浸して。
＊ soak in water（水に浸す）

これらの表現を知っていると、会話の幅がぐんと広がります。「食文化」という言葉があるように、食に関する話は世界中でオールマイティなのです。

私がCookinglishのレッスンの発想を得たのがフランス留学だったので、フランス家庭料理をメインにレッスンをしてきました。ここでは、紙幅の関係から私の特別レシピを一つしか

ご紹介できませんが、以下の"料理に用いられる動詞"などを参照しながら、ぜひご家庭でお子さんと一緒に楽しみながら料理を作ってみてはいかがでしょうか。

　その際には、まず最初にお子さんと一緒に材料を一つひとつ英語で確認していくのがいいでしょう。

　実物を実際に手に取って What is this？（これは何？）とか Do you know the English name of "Nasu"？（ナスの英語名を知っている？）といった具合に、お子さんに質問しながら進めていくといいと思います。

　次にそれらの材料を使って料理するわけですが、今度はお子さんに簡単な動詞を使って指示をしてください。

　レシピを英語で全部言う必要はありません。まずはキーになる動詞を言ってください。

　お子さんが指示を理解できれば、その指示どおりに動いてくれるはずです。お子さんがまだ指示がわからない場合は、お母さんが指示を繰り返しながら、実際にやって見せてください。

　それでは、レシピでよく使われる動詞を挙げておきますので、英語で指示をする際の参考にしてください（栗原はるみ『Your Japanese Kitchen 1』NHK出版に手を加えたものです）。

〈料理に用いられる動詞〉

arrange	盛る、のせる	drain	水を切る
bake	(オーブンなどで) 焼く	fry	炒める
beat	(卵を) 溶く	garnish	添える、あしらう
blanch	サッと茹でる、ゆがく	grate	おろす、する
boil	沸かす、茹でる	grill	焼き網で焼く、あぶる
bring to a boil	煮立てる	heat	熱する
chop	切り刻む	ladle	お玉ですくう
combine	合わせる	microwave	電子レンジにかける
cook	(熱を加えて) 料理する	peel	皮をむく
cover	ふたをする、覆う	pierce	穴を開ける、刺し通す
cut ... into ~	……を~に切る	place	置く
cut ... finely	……をみじん切りにする	pour	注ぐ
deep-fry	揚げる	preheat	(オーブンを) 予熱する
dissolve	(固体を液体に) 溶かす	prepare	調理する、下ごしらえする

put	入れる、置く、載せる	sprinkle	振る
remove	取る、除く、取り出す	squeez	絞る
rub	こする	stir	かき混ぜる
season	（調味料・薬味・香料で）風味をつける	stuff	詰める
sauté	炒める	taste	味をみる、味わう
serve	（料理を）出す	turn on the heat	火をつける
simmer	煮る	turn off the heat	火を止める
slice	薄切りにする	wipe	拭く
soak	浸す、漬ける	wrap	包む

　では、具体的にどのように指示をするかと言えば、たとえばボウルの中身をゆっくり混ぜてほしい時は、Mix slowly.とお子さんに言います。もしお子さんが何をしていいかわからないようであれば、もう一度Mix slowly.と言いながら、今度は実際に自分でゆっくり混ぜて見せるのです。そしてお子さんにMix slowly.と言って、ボウルを手渡せば、お子さんはお手本どおりに、ゆっくりと混ぜてくれるに違いありません。

　すべてのプロセスをこのようにおこなうわけです。

　いつも手際よく家事をされているお母さんたちには、お子さんと一緒に料理をするのはまどろっこしいかもしれません。

何しろ通常の2倍は時間がかかるので、心のゆとりがある時になさることをお勧めします（子どもさんとの料理は、日本語でやっても大変です）。

■ Moules mariniére / ムール貝のマリニエール

Mussels cooked in their own juice
with white wine & onions

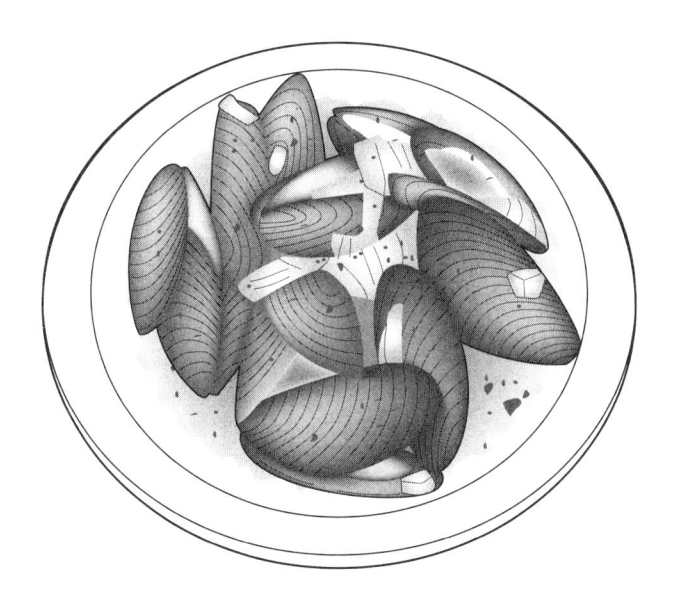

◆ Ingredients（serves 6）

1kg mussels,

1 onion,

30g butter,

100cc white wine

1 leaf laurel,

50cc fresh cream,

1/2 teaspoon black pepper,

2 fresh thymes,

1 tablespoon chopped parsley

[garnish]

Some potatoes for French fries

◆ Direction

1. Cut the onion finely.
2. Put mussels, chopped onion, fresh thymes, a leaf of laurel, butter, and white wine into a pan.
3. Heat the pan over high flame.
4. When mussels are opened, add fresh cream and black pepper. Then mix well and sprinkle chopped parsley all over them.
5. Decorate dishes with parsley.

　[garnish / French fries]

6. Cut potatoes thinly.
7. Deep-fry potatoes to light brown.
8. Garnish dishes with deep fried potatoes (French fries).

◆ Words & Prases
mussel [mʌs(ə)l]　ムール貝
garnish　　　　　付け合わせ

chopped 〜　　みじん切りした〜

heat the pan over high flame　　鍋を強火で熱する

sprinkle ... all over 〜　　〜に……をまぶす

decorate ... with 〜　　〜で……を飾る

cut 〜 thinly　　〜を細切りにする

deep-fry　　　　揚げる

deep-fry ... to light brown　　　……をきつね色に揚げる

garnish ... with 〜　　〜を……に付け合わせる

◆作り方

1. 玉ねぎをみじん切りにする。

2. 鍋にムール貝、みじん切りにした玉ねぎ、タイム、ローリエ、バター、白ワインを入れる。

3. 強火で熱する。

4. ムール貝が開いたら、生クリーム、黒こしょうを加えてよく混ぜ、パセリのみじん切りをまぶす。

5. 皿をパセリで飾る。

［付け合わせ］

6. ジャガイモを細切りにする。

7. ジャガイモをきつね色に揚げる。

8. 付け合わせに揚げたジャガイモ（フライドポテト）を添える。

川崎美恵(かわさき・みえ)

NPO法人 Lingua Akademeia 代表
語学(英語、仏語)コンサルタント

茨城県生まれ。大学卒業後、イギリスでのボランティア活動を経て、フランス国立リヨン第二大学へ留学。帰国後、教育委員会および学校法人への外国語指導助手(ALT)業務委託派遣に従事し、小・中学校、高等学校の英語教育に携わる。
小学校における英語活動のために作成したプログラム(TEEメソッドの原型)は、関東地域の多くの小学校で採用される。独自の研究をTEE(Teaching English in English)メソッドとしてまとめ、教育研修や指導に生かし、その実践、普及に努めている。
2006年に、国籍や言語、文化を超えて、自由にコミュニケーションできる社会づくりを目指すNPO法人リンガ アカデメイアを設立する。
http://www.lingua-akademeia.com

10歳からの英語 お母さんの出番です
家庭でできる画期的学習法 TEEメソッド

発行日　2012年4月5日　初版第1刷発行

著者	川崎美恵(かわさき みえ)
発行者	古屋信吾
発行所	株式会社 さくら舎　http://www.sakurasha.com

〒102-0071　東京都千代田区富士見1-2-11
電話　(営業)03-5211-6533　(編集)03-5211-6480
FAX　03-5211-6481
振替　00190-8-402060

装丁	石間 淳
装画	コウゼンアヤコ
図版	久保久男(AMI)
印刷	慶昌堂印刷 株式会社
製本	大口製本印刷 株式会社

ISBN 978-4-906732-08-1
© 2012 Kawasaki Mie Printed in Japan

本書の全部または一部の複写・複製・転訳載および磁気または光記録媒体への入力等を禁じます。これらの許諾については小社までご照会ください。
落丁本・乱丁本は購入書店名を明記のうえ、小社にお送りください。
送料は小社負担にてお取り替えいたします。
定価はカバーに表示してあります。